CHANGER DE VIE

Jérémy Chauvin

CHANGER DE VIE

Comment j'ai décidé de tout plaquer pour découvrir le monde

LAROUSSE

PARTIE 1

De salarié à nomade

CHAPITRE 1

« Ces mots sur une carte du monde devenaient des images »

Quand j'étais enfant, j'avais un globe sur une étagère à l'entrée de ma chambre. Un modèle en plastique qui s'effritait aux pôles à force de tourner sur lui-même. Je passais des heures à le regarder, à rêver aux noms de contrées lointaines et inconnues. Je le tournais dans tous les sens, je lisais chaque ligne, chaque nom de ville aux consonances étranges. Phnom Penh, Sarajevo, Montréal, Istanbul. Ces mots sur une carte du monde devenaient des images dans ma tête d'enfant. Je n'imaginais pas qu'un jour je m'y rendrai et qu'ils deviendraient des souvenirs. Que j'aurai des anecdotes à raconter pour chacune de ces villes. Que j'y aurai même des amis.

De toute mon enfance, on n'est parti que trois fois en vacances. Toujours au même endroit : dans la Drôme, sur le plateau du Vercors. Malgré notre jeune âge, mes sœurs et moi avions conscience de vivre un moment privilégié. On savourait cette semaine loin de notre immeuble de la banlieue de Cherbourg à sa juste valeur. Mes parents n'avaient pas les moyens de nous faire voyager, mais dans ma tête j'étais un vrai Phileas Fogg. Je m'étais créé un univers où je me réfugiais dès que je rentrais de l'école. Je jetais mon cartable dans un coin, et, plutôt que faire mes leçons, je m'allongeais à plat ventre sur mon lit et je rejoignais Tintin et ses compagnons d'aventure dans leurs expéditions au bout du monde. Je découvrais l'Europe grâce aux noms des villes de mes clubs de foot préférés, et je parcourais la planète avec mon jeu d'ordinateur Civilization.

« Qu'est-ce que tu veux faire plus tard ? »

Quand on est enfant, cette question revient souvent. Je l'ai entendu pour la première fois quand j'avais 6 ou 7 ans, et j'ai répondu que je voulais être cosmonaute pour explorer la galaxie. À 10 ans, je rêvais d'être joueur de foot pour gagner la coupe du monde. À 14 ans, je voulais devenir guitariste pour jouer avec Metallica, et à 16 ans j'écrivais des nouvelles en rêvant de devenir écrivain.

Entre-temps, on m'a fait remplir des fiches-navettes. Avec des cases à cocher. Je devais choisir entre les filières littéraire, économique et scientifique. Les options « devenir cosmonaute », « footballeur » ou « rockstar » n'apparaissaient pas. Avec les années, je me suis fait une raison et je me suis accroché à cette phrase entendue mille fois : « si tu travailles bien à l'école, tu trouveras un bon poste et tu seras heureux. » Les adultes avaient l'air d'y croire, alors je l'ai gravée dans ma tête comme une vérité absolue. J'ai courageusement résolu mes problèmes de mathématiques, rendu des dissertations impeccables, et appris par cœur mes verbes irréguliers d'anglais. J'ai obtenu le bac avec mention, et j'ai été admis haut-la-main dans les filières pourtant convoitées d'information-communication, avec le vague projet de devenir journaliste sportif, un truc qui se rapprochait assez de mes rêves d'écriture. J'ai décroché mes diplômes sans trop me prendre la tête, en passant plus de temps à jouer à la Playstation qu'à potasser mes partiels, mais l'essentiel était fait : j'avais bien travaillé à l'école, j'étais désormais diplômé de l'enseignement supérieur. Journaliste reporter d'images, exactement. Maintenant, j'allais rentrer dans la vie active, trouver un bon boulot et être heureux. C'était le plan depuis des années, et jusque-là il fonctionnait comme sur des roulettes.

Il est temps à présent de faire les présentations. Je m'appelle Jérémy, j'ai 33 ans et deux mois au moment où j'écris ces lignes. J'habite dans un petit village en Normandie, ma région natale. Je suis revenu m'y installer après plusieurs années entre voyages en sac à dos et expatriations. Mais, pour le moment, revenons quelques années en arrière. En novembre 2009, pour être précis. Je viens de fêter mes 22 ans, et dans quelques mois je vais prendre la plus grosse baffe de ma vie.

« À cette époque-là, sur le papier, j'ai tout pour être heureux. »

À cette époque-là, sur le papier, j'ai tout pour être heureux. Je fais partie des chanceux qui ont décroché un CDI. Mon réveil sonne tous les matins à 8h45. J'ouvre les yeux, je saute dans mon jean, j'avale vite fait une tartine de confiture de fraise et je descends les trois étages de mon petit immeuble du centre-ville de Cherbourg. Cinq minutes plus tard, je suis à mon poste de travail. Je bosse pour une WebTV locale gérée par une boîte de production audiovisuelle. Le local est un ancien garage réhabilité façon loft, avec de la moquette bleu foncé au sol comme aux murs. Mon bureau se trouve tout au fond, une petite pièce sans fenêtre qui sert de régie où il fait toujours trop chaud. Ma mission consiste à faire des films promotionnels pour les entreprises des environs. Quand je ne pars pas en tournage, je passe mes journées en montage, dans une obscurité trouée seulement par les écrans des ordinateurs et les LED des appareils électroniques. Mes collègues ne sont pas désagréables, mais je n'ai pas grand-chose à leur dire. Les projets sont rarement passionnants, et le salaire, au Smic, ne me donne pas spécialement envie de me sacrifier pour l'entreprise, même si en employé modèle je ne compte pas mes heures dès qu'il s'agit de boucler un reportage tard le soir ou pendant mes week-ends. En réalité, ce qui me plaît, c'est d'être de retour dans ma ville natale, auprès de ma famille et de mes amis, après plusieurs années d'exil pour mes études et mon premier travail.

Voilà donc à quoi ressemblait ma vie à cette époque. Un boulot correct mais pas passionnant, une vie sociale sympa mais qui tourne un peu en rond, un environnement général peu propice à la nouveauté et au défi, et un salaire pas franchement à la hauteur de ce qu'on nous avait vendu pendant nos années d'études supérieures. Ce n'était pas la misère totale : je mangeais à ma faim, je sortais assez souvent, je partais en week-end par-ci par-là, et j'arrivais même à mettre un peu d'argent de côté à la fin du mois. En fait, j'étais simplement pris dans une routine mortellement ennuyeuse. Je bossais, j'allais boire une bière dans un pub, et je rentrais regarder un épisode de *Dexter* avant de m'endormir. Puis je revivais la même journée le lendemain, comme Bill Murray dans *Un jour sans fin* mais sans Andy McDowell pour égayer mon quotidien.

Un midi, pendant ma pause-déj, j'avale mes macaronis en écoutant distraitement un débat à la télé sur la réforme des retraites. Soudain, j'ai un flash. Je réalise que, théoriquement, je vais devoir passer encore quarante ans comme ça avant d'être délivré de mes obligations professionnelles et que je puisse envisager un quotidien différent. Quarante ans ! Alors que j'en ai tout juste vingt-deux, et que les récentes années de ma vie m'ont paru interminables. Je suis pris d'un immense vertige. Le sol se dérobe sous mes pieds. C'est impossible, je ne tiendrai jamais quarante ans comme ça, à bouffer des pâtes devant BFM, à enchaîner les tournages sans intérêt, à boire des bières un soir sur deux et à passer l'autre à regarder le foot à la télé. Ce n'est pas pour ça que je suis sur Terre ! Ça ne peut pas être mon destin !

Ces pensées me font brutalement réaliser que je ne m'épanouis pas dans mon quotidien. Que le « travaille bien à l'école pour avoir un bon job et être heureux », qu'on m'a rabâché toute ma scolarité, toute ma vie, est une supercherie totale. J'ai bien travaillé à l'école, j'ai décroché le sacro-saint CDI, sésame ultime pour le bonheur, mais je ne suis pas heureux. Alors quoi ? Si j'étais réellement épanoui, si j'aimais ma vie, ma routine, je n'aurais pas de problème à signer pour quarante ans comme ça. Mais là, non, je m'y refuse. Je ne peux pas me laisser mourir à petit feu avant même

« J'ai décroché le sacro-saint CDI, sésame ultime pour le bonheur, mais je ne suis pas heureux. »

d'avoir réellement commencé à vivre. Pourtant je ne vois pas la moindre échappatoire au futur qui m'attend et je m'enfonce dans la résignation d'une vie qui ne sera jamais à la hauteur de mes rêves d'enfance. Adieu les aventures au bout du globe comme Phileas Fogg : je suis coincé à Cherbourg, dans un garage sans fenêtre, pour les quarante prochaines années.

Quand je retourne au boulot l'après-midi, c'est le cœur lourd. Je referme la porte du bureau derrière moi, je me visse le casque sur les oreilles, et je me replonge de mauvaise grâce dans le montage de mon reportage, la tête ailleurs. Je ne le sais pas encore, mais je ne peux déjà plus faire machine arrière. Une graine a commencé à germer dans mon esprit.

CHAPITRE 2

« Je suis complètement hors de ma zone de confort »

Un vendredi d'avril 2010, après avoir passé la journée sur le montage d'un film institutionnel avec plein de gens en costume, je retrouve Manu, un ami du lycée, dans un bar du centre-ville. On s'installe à notre table préférée, le patron nous apporte deux chopes de bière, et très vite il aborde un sujet auquel je ne m'attendais pas. Il me propose de partir en Norvège pendant un des ponts du mois de mai. C'est un projet qui nous trottait dans la tête depuis notre classe de terminale, mais on n'avait jamais envisagé ça sérieusement plus de cinq minutes. Déjà parce que pendant nos années étudiantes on n'avait pas un rond en poche, et puis parce que beaucoup de choses que l'on dit à cet âge-là n'ont pas vocation à devenir réalité. Au fond de moi, je n'avais jamais réellement pensé que je pourrai un jour mettre les pieds en Norvège. Mais cette fois, c'est différent. Je sens qu'il a peaufiné les détails. Il a regardé les billets d'avion, les possibilités de logement sur place, les choses à faire et à visiter. Son engouement est communicatif et, bientôt, je me prends au jeu et je me projette aussi dans ce futur voyage.

Le lendemain, Manu m'envoie un texto pour m'annoncer qu'il a pris son billet ainsi que celui de Fabienne, sa copine.

« Tu es toujours partant ? »

Quand je reçois son message, je suis soudain moins convaincu que la veille au soir où, sous l'effet conjoint de notre enthousiasme et de l'alcool, j'aurais pratiquement pu acheter mon billet dans la minute. En réalité, je n'ai jamais voyagé hors de nos frontières - enfin si, à onze ans pour un voyage scolaire en Angleterre, et je n'aurais probablement jamais eu le cran de franchir le pas de ma propre initiative. Mais la Norvège fait partie de mes destinations rêvées et Manu me l'offre sur un plateau, alors je n'ose pas me dégonfler. Je me connecte sur le site de la compagnie aérienne, je repère le vol pour lequel il a acheté son billet, et je réserve ma place pour Oslo également. Moins d'une heure après son message, il reçoit ma réponse.

« J'en suis ! »

Je trépigne d'impatience. Chaque matin en me levant je regarde la date et je me dis « encore dix jours », « encore neuf », « encore huit » ... Chaque heure passée au travail me semble interminable. J'ai préparé mon sac à dos, j'ai lu quinze fois le Routard dans la seule librairie de la ville, j'ai appris par cœur quelques mots de vocabulaire norvégien. Je suis plus que prêt, et pourtant je stresse un peu à l'idée de partir. Ce n'est pas le vol en tant que tel qui m'angoisse – mon précédent job impliquait de prendre l'avion un week-end sur deux et je suis désormais rompu à cet exercice – mais plutôt le fait d'être livrés à nous-mêmes en territoire complètement inconnu. À chaque fois que je suis parti quelque part, c'était chapeauté par mes parents, l'école, ou un responsable hiérarchique. Là, même si Manu a pris les choses en main au niveau organisationnel, on est sans filet. Paradoxalement, je suis aussi terriblement excité à l'idée de me rendre au pays des fjords et de la musique metal. De faire quelque chose qui me sort radicalement de mes habitudes. Cette fois il ne s'agit pas d'un week-end à quarante kilomètres de chez moi, d'une soirée Playstation ou d'une après-midi rando. Je vais en Norvège. Je suis complètement hors de ma zone de confort, et dès que je me projette dans le voyage, je reçois une agréable décharge d'adrénaline.

Et puis, voilà le jour du départ. Ou plutôt la nuit, car notre vol est aux aurores. Le réveil nous tire douloureusement du sommeil vers les deux heures du matin et un froid polaire nous glace jusqu'aux os tandis qu'on charge la voiture de nos petites valises. Après une tasse de café avalée rapidement, Manu s'installe au volant et on prend la route de l'aéroport de Beauvais, traversant la ville endormie. Une fois sur l'autoroute, bercé par le ronronnement de la voiture et la radio en sourdine, je m'assoupis la tête contre la vitre arrière. Ce sont les dos d'âne de l'arrivée au péage qui me tirent de mon sommeil, quelques heures plus tard. L'espace d'un instant, je me demande pourquoi je ne suis pas dans mon lit douillet, et puis tout me revient en tête. Oslo. L'avion. C'est maintenant.

Le soleil perce timidement la brume de la campagne picarde quand on décolle, et nous voilà bientôt au-dessus des nuages. J'ai toujours adoré l'avion. Surtout la vue : quel spectacle ! Cette mer de coton qui s'étend à l'infini,

« Parfois, j'aimerais juste pouvoir décoller et atterrir du même endroit, simplement pour le plaisir d'observer la terre depuis le ciel... »

ce ciel toujours bleu, et quand les horaires le permettent, des couchers ou des levers de soleil absolument uniques, teintés de rouge, de rose, d'orange. Parfois, j'aimerais juste pouvoir décoller et atterrir du même endroit, simplement pour le plaisir d'observer la terre depuis le ciel et retrouver cette sensation de flotter au-dessus du monde.

En arrivant sur place, je suis immédiatement envahi par un intense sentiment de liberté. Il y a des milliers d'inconnus autour de moi, des centaines de rues que je n'ai jamais arpentées. Mon horizon, qui se limitait alors à la Normandie, mon appart', mon bureau et une petite dizaine de personnes, se trouve soudain élargi à ce qui me semble être infini. J'ai l'impression que quelqu'un a allumé la lumière et que la petite pièce dans laquelle je croyais me trouver est en réalité un vaste hall rempli de possibilités, de chemins à emprunter, jusque-là invisibles.

« Je goûte à des saveurs insoupçonnées. »

Au cours de ce séjour à Oslo, je goûte à des saveurs insoupçonnées : l'ivresse de découvrir une ville pour la première fois, l'excitation de parler à des inconnus, le plaisir d'entendre une langue aux sonorités nouvelles. Je m'émerveille des petites différences dans la façon de vivre des habitants. Pourtant, objectivement, on ne fait rien d'extraordinaire : on visite un musée, on flâne sur le toit penché de l'Opéra, on remonte l'avenue Karl Johans Gate, les Champs-Élysées norvégien, et on déambule dans un parc rempli de statues. Entre-deux, on se repose dans un café ou on rentre cuisiner des coquillettes à l'auberge de jeunesse.

Je ne reste que trois jours en Norvège, mais j'ai l'impression de partir un mois complet et de vivre une révolution intérieure. J'ai le sentiment grisant d'exploser mes limites mentales et physiques. Que tout est devenu possible d'un coup de baguette magique. Je peux aller où je veux et parler à qui je veux sans rendre de compte à personne. Je me sens libre. C'est la première fois de ma vie que je ressens quelque chose d'aussi puissant et, j'allais bientôt le découvrir, d'aussi addictif.

Dans l'avion qui nous ramène à Beauvais, j'ai les yeux collés au hublot, le regard sur l'horizon, et mon esprit grouille de nouvelles perspectives. Je ne veux pas rentrer chez moi, je veux continuer d'explorer Oslo, la Norvège, l'Europe, le reste du monde. Voyager n'est plus le vague rêve d'un enfant qui faisait tournoyer son globe terrestre avant de se coucher, c'est désormais le projet d'un jeune adulte qui voit soudain le monde s'ouvrir à lui.

« Je ne veux pas rentrer chez moi, je veux continuer d'explorer Oslo, la Norvège, l'Europe, le reste du monde. »

CHAPITRE 3

« J'oublie absolument tout de ma vie en France »

À mon retour à Cherbourg, je suis sur un nuage. Mes parents s'étonnent de me voir de si bonne humeur, mes collègues de me trouver si souriant. Je suis transfiguré. Un peu comme quand on tombe amoureux et que le moindre petit morceau d'une vie habituellement terne et insipide devient soudain merveilleux, digne d'un conte de fée.

« Ça fait longtemps que je ne t'avais pas vu si épanoui ! », me dit ma mère lors de notre dîner de retrouvailles.

Les jours qui suivent mon retour, je ne suis pas dans l'optique de repartir aussitôt en vadrouille, mais plutôt de partager mon bonheur et ma passion naissante pour le voyage avec tous ceux qui croisent mon chemin. J'ai vécu trois jours extraordinaires à Oslo, j'ai traversé chaque seconde dans un environnement radicalement nouveau où tous mes sens étaient stimulés du réveil au coucher, mais comment transmettre des émotions aussi fortes, aussi poignantes, à mon entourage ? Comment faire comprendre à mes proches restés dans leur canapé que, pendant ces 72 heures, j'ai vécu des dizaines d'expériences ayant bouleversé ma vie ?

Dès qu'on me demande poliment comment s'est passé mon séjour, j'ai envie de raconter tout ce que j'ai vécu, de partager mes moments de bonheur intense. Mais je n'y arrive pas. Les mots sortent systématiquement de ma bouche de façon banale, ennuyeuse, insignifiante, bien loin des émotions incroyables que j'ai pu ressentir pendant mon voyage, et j'en tire un terrible sentiment de frustration.

Alors au bout d'un moment, plutôt que de raconter pour la énième fois mon exploration du fjord d'Oslo ou ma découverte du quartier de Akker Brygge, je me contente simplement de répondre « c'était bien » afin de ne pas dénaturer mes souvenirs et mes émotions, et je les range précieusement au fond de moi, comme autant de petits moments privilégiés dans lesquels me replonger avec délice et nostalgie un peu plus tard.

Une petite semaine après mon retour d'Oslo, après avoir regardé les photos du séjour une dizaine de fois, le soufflet commence à retomber. L'adrénaline du voyage s'est atténuée et rien ne vient combler le vide laissé en moi. J'ai retrouvé mes collègues, mon bureau sans fenêtre, mes reportages inutiles et ma petite vie bien tranquille. Le sentiment intense de liberté qui me submergeait à Oslo est déjà remplacé par l'ennui profond de ma routine quotidienne. Alors, bientôt, je n'ai plus qu'une idée en tête : repartir. Retrouver cette exaltation, ce sentiment de liberté ultime, cette sensation de jouir vraiment de la vie. Ça devient obsessionnel. Je passe chaque minute disponible à rêver de nouvelles destinations, à éplucher les sites des compagnies aériennes en quête de billets d'avion pas chers.

« Je n'ose pas encore voyager seul. »

Le problème c'est que je n'ose pas encore voyager seul. Dès que je déniche une opportunité, je la propose à mes amis susceptibles d'être prêts à partir. Et on ajuste selon les disponibilités de chacun jusqu'à trouver un compromis qui satisfasse tout le monde. Les mois passent et dès qu'un jour férié pointe le bout de son nez, je pose des congés et on part en week-end à l'étranger, écumer les bars de Copenhague, danser dans les nightclubs de Covent Garden, prendre le soleil sur les plages de Barcelone, ...

« J'ai l'impression de vivre à 500%, d'exploser mes barrières et de m'accomplir pleinement. »

Une fois sur place j'oublie absolument tout de ma vie en France. Je ne pense qu'à profiter, me faire de nouveaux potes, partager des moments magiques et me créer des souvenirs qui me rendront heureux jusqu'à la fin de mes jours. La notion du temps m'échappe complètement : j'ai l'impression de vivre à 500 %, d'exploser mes barrières et de m'accomplir pleinement. Dans ma tête, je deviens un aventurier partant à la découverte de contrées inconnues. Ça peut paraître incongru à ceux qui ont l'habitude de voyager, mais pour le jeune adulte que je suis, qui n'a jamais mis les pieds hors de Normandie ou presque, la moindre ville étrangère représente déjà l'exotisme, l'aventure. Je profite de cette liberté ultime pendant trois, quatre jours, et puis à mon retour, je paie l'addition au prix fort. Trois mois au bureau, dans la routine de ma petite vie pépère, sans rien d'excitant à me mettre sous la dent.

J'ai la désagréable sensation de vivre par intermittence. J'aimerais tellement prolonger ces moments de joie à l'étranger, les faire durer plusieurs semaines, plusieurs mois. Mais comment m'y prendre ? Chaque retour est plus dur que le précédent. Car chaque fois je goûte un peu plus aux joies du voyage, à la découverte d'un nouveau pays, au sentiment de profiter vraiment de ma vie. Et à chaque retour, j'ai l'impression de remettre ma vie entre parenthèses, et je déprime davantage. La réalité de mon quotidien monotone me revient en pleine face chaque fois plus violemment. Je retourne dans mon « métro-boulot-dodo » avec une seule chose en tête : l'obsession de repartir, de retrouver cette sensation de liberté ultime. Alors comme un drogué qui va chercher son rail de coke, je me connecte sur mon comparateur de prix préféré à la recherche d'un vol pas cher et d'une nouvelle ville à explorer, et je ressens aussitôt le bien-être m'envahir à la simple idée de m'évader bientôt pour une destination inconnue. Sans m'en rendre compte, je suis devenu addict aux voyages.

> « Chaque retour est plus dur que le précédent. »

Comment voyager sans se ruiner ?

On m'a souvent posé la question « comment tu fais pour voyager autant, tu as gagné au loto ou quoi ? »

Dans l'esprit de beaucoup de gens, voyager est un loisir qui coûte cher car ils l'assimilent aux séjours all-inclusive dans des hôtels quatre étoiles avec piscine, spa, vue sur mer et dîner aux chandelles tous les soirs. C'est sûr que, vu comme ça, le voyage devient un plaisir extrêmement onéreux. Mais quand on a juste envie de partir à l'aventure sans se préoccuper de son petit confort, on peut vraiment s'offrir des séjours mémorables pour trois fois rien.

La priorité pour voyager sans se ruiner, c'est de trouver des solutions pour limiter au maximum les dépenses dans les trois postes principaux : les transports, l'hébergement, et la nourriture. Plutôt que de loger dans de beaux hôtels, regardez les chambres chez l'habitant (Airbnb), les sites d'entraide entre voyageurs (Couchsurfing), ou même pourquoi pas les échanges de maisons (HomeExchange). Au lieu de poser vos congés puis chercher des vols sur des dates figées, faites l'inverse : regardez les vols les moins chers à l'aide d'un comparateur qui propose des recherches ouvertes (comme Skyscanner) et posez vos congés ensuite selon les vols pas chers que vous repérez. Plutôt que d'aller au restaurant, essayez de cuisiner au maximum dans votre logement, et achetez vos fruits et légumes sur les marchés locaux.

Cette manière de voyager ne conviendra probablement pas à tout le monde, mais c'est vraiment la meilleure façon de s'offrir régulièrement des petites escapades en Europe sans y laisser trop de plumes.

Quelques mois après mon séjour initiatique à Oslo, je m'apprête à décoller pour Prague. Dans mes bagages, j'emmène Nico, un ami du lycée avec qui je partage cette passion de refaire le monde en écoutant du hard-rock et en buvant des bières jusqu'au petit matin. J'ai trouvé des vols pas chers, il a un plan pour nous loger chez une de ses connaissances qui habite sur place. Il ne nous reste plus qu'à attendre le jour J pour grimper dans l'avion et découvrir pour la première fois une capitale d'Europe de l'est, une partie du monde qui m'intrigue et m'attire de plus en plus.

Une semaine avant le départ, Nico me téléphone. Au ton de sa voix, je comprends tout de suite qu'il y a un problème.

« J'ai une bonne et une mauvaise nouvelle, m'annonce-t-il avant de poursuivre.

– J'ai trouvé un stage, mais la condition d'embauche est de pouvoir commencer aussitôt. »

Autrement dit soit on va à Prague et son stage tombe à l'eau, soit on lâche Prague et il peut suivre son stage de fin d'étude. On ne tergiverse pas longtemps. Compte tenu des difficultés à trouver un poste dans sa branche, on décide de reporter notre voyage à une date ultérieure. Ce ne sont pas les occasions qui manqueront, Prague sera toujours là dans quelques mois.

Après avoir raccroché, je réalise que, de mon côté, mes congés sont posés et je n'ai pas le moindre empêchement en vue. Pourquoi finalement me priver de l'occasion de m'évader de mon quotidien morose ? Il me suffit de trouver quelqu'un de disponible pour m'accompagner et je m'envolerai quand même pour la République Tchèque, quitte à y retourner plus tard avec Nico quand son agenda le permettra. Je passe à mon tour quelques coups de fil, je tente de vendre mon week-end comme un marchand de tapis, mais rien à faire : chacun a déjà prévu de quoi s'occuper aux dates du voyage.

Une petite voix me souffle une idée. Partir seul. Comme ça, pas besoin de faire coïncider mon agenda avec celui des autres, de faire de compromis, ou de convaincre qui que ce soit qu'on va passer un super séjour. Je fais mon truc tout seul et basta. Mais à peine l'idée m'effleure l'esprit qu'une vague d'angoisse me traverse les tripes. J'ai peur. Peur que les gens, à Prague, me pointent du doigt en disant « il est trop bizarre lui, il n'a pas d'amis ou quoi, pourquoi il voyage seul ?! ». J'ai beau me rassurer en me disant que cette peur est irrationnelle, que je ne serai pas plus bizarre seul dans les rues de Prague que des millions de gens le sont chaque jour dans les rues de leur ville, à partir du moment où cette pensée me vient en tête, elle ne me lâche plus.

N'arrivant pas à trouver un compagnon de voyage en dernière minute, et terrifié à l'idée de me lancer seul à l'assaut d'une ville étrangère, je renonce au voyage. Le matin où je devais prendre le train aux aurores pour me rendre à l'aéroport, je reste dans mon lit, à regarder *How I Met Your Mother* sans conviction, en tentant de me convaincre que c'était le bon choix. Je laisse l'avion décoller sans même prétendre au remboursement de mon billet et je repousse comme je peux les pensées culpabilisatrices de ce week-end passé dans ma ville natale plutôt qu'à découvrir une capitale étrangère.

Dès le lendemain, je suis en colère contre moi-même de ne pas avoir eu le courage d'affronter mes peurs et le cran de partir seul. Je vais marcher en forêt pour me changer les idées, mais comme souvent, dès que je me retrouve dans la nature, mes pensées dérivent et je commence à cogiter. Je me dis qu'il serait temps, quand même, que je sois capable de faire les choses qui me font plaisir sans devoir systématiquement compter sur les autres. Que je ne pourrais pas, à chaque fois que j'ai envie d'aller quelque part, me faire accompagner comme un enfant timide. Que je dois arrêter de me laisser diriger au grès des flots et du bon vouloir des autres. J'ai le pouvoir d'agir sur mon quotidien, sur mon environnement, et personne d'autre que moi ne pourra jamais faire à ma place les choses qui me tiennent réellement à cœur. Si je veux du changement, c'est à moi de donner les petits coups de rame nécessaire pour que la barque de ma vie avance dans la direction que je souhaite lui donner. Alors je me fais une promesse : désormais, je saisirai toutes les opportunités qui se présenteront et qui pourront rendre ma vie plus excitante.

> « J'ai le pouvoir d'agir sur mon quotidien, sur mon environnement. »

CHAPITRE 4

« Je passe mes journées à me perdre dans les rues bouillantes de Katmandou »

Au début de l'année 2011, Nico apprend que son stage ne débouchera pas sur l'embauche espérée. Il décide de partir quelques mois en Inde et au Népal pour se changer les idées, et me propose de le rejoindre à Katmandou à la fin de son périple. J'éprouve une certaine appréhension à l'idée de sortir de l'Europe pour la première fois de ma vie, mais fidèle à la promesse que je me suis faite quelques mois plus tôt, j'accepte son invitation et je file négocier mes dates de congés avec mon patron. Celui-ci me les valide aussitôt et je prends rendez-vous à la mairie pour établir mon premier passeport.

« Vous partez où ? s'enquiert la fonctionnaire chargée d'enregistrer mes empreintes digitales.

– Au Népal », réponds-je non sans fierté.

Un mois plus tard, après une escale à New Delhi, j'atterris au petit aéroport international de Katmandou. Je tends mon passeport au douanier qui recopie à la main, avec une application d'écolier, mes nom et prénoms dans un grand cahier aux pages cornées. Je le regarde faire, patiemment, puis il tamponne mon visa et me rend le tout en me souhaitant un bon séjour. Je récupère mes affaires et je sors du bâtiment retrouver Nico qui m'attend à l'extérieur. Je le reconnais à peine : sa barbe a poussé, ses cheveux aussi, et sa dégaine de hippie me fait immédiatement penser aux personnages de *Flash ou le grand voyage* de Charles Duchaussois, que j'ai relu avant de venir. Je m'installe à l'arrière du taxi et Nico donne au chauffeur l'adresse de son hôtel, où je vais résider également. Dès que l'on s'éloigne de la zone aéroportuaire, je prends la plus grosse baffe de ma vie.

Avant de partir, je n'ai pas regardé la moindre photo du Népal. Je ne savais pas à quoi allaient ressembler les gens, ni à quel type de climat, d'architecture ou de niveau de vie j'allais me confronter. J'avais une vague idée, bien sûr, ne serait-ce que pour préparer ma valise et planifier un tantinet mon budget. Mais cette absence d'anticipation n'a fait que renforcer le choc culturel qui n'était jusqu'alors, je le réalise sur le moment, que très minime lors de mes voyages en Europe.

La traversée des faubourgs de Katmandou avec la lumière rougeoyante de fin de journée me laisse bouche bée. Je ne décolle pas les yeux de la fenêtre de tout le trajet. Je grave dans ma mémoire chaque regard qui croise le mien, chaque scène de vie qui s'offre à moi. Je n'oublierai jamais ces femmes habillées de tuniques multicolores qui marchent fièrement devant des huttes de tôle ondulée. Le taxi qui slalome entre les chèvres, les vaches sacrées et les nids-de-poule. Les enfants qui s'approchent de la voiture et nous regardent avec curiosité.

Les véhicules qui tentent de se frayer un passage à travers la foule dans une joyeuse cacophonie de klaxons. Ce qui n'était pour moi que le nom d'un peuple à l'autre bout du monde devient soudain cette femme souriante en tenue bariolée, ce monsieur à moustache qui fume sa cigarette, ce jeune homme à l'air timide derrière son stand de boisson ambulant.

> « La traversée des faubourgs de Katmandou avec la lumière rougeoyante de fin de journée me laisse bouche bée. »

Je passe mes journées à me perdre dans les rues bouillantes et poussiéreuses de Katmandou. Le moindre détail m'interpelle. Les ouvriers qui bossent sur des échafaudages dont les normes de construction enverraient en prison à vie le moindre entrepreneur français. Les câbles électriques qui s'entremêlent sur les pylônes sans que, par miracle, le moindre court-circuit ne se produise. Les livreurs trempés de sueur qui charrient des kilos à la force de leur front. Les étals de viande à l'air libre où les vendeurs passent autant de temps à chasser les mouches qu'à servir les clients.

Je réalise alors que les Népalais et moi, on habite sur la même planète, mais on vit dans deux mondes différents. Certaines choses que je prenais pour des évidences absolues en France ne sont même pas l'ombre d'une possibilité au Népal. L'électricité, par exemple, n'est pas distribuée partout dans la ville. Ils ont une répartition par quartier, et chaque zone bénéficie d'une alimentation de quelques heures par jour seulement. Une rotation quotidienne des horaires de fonctionnement permet d'éviter que les mêmes endroits soient systématiquement alimentés en pleine nuit. Certains hôtels et restaurants du quartier touristique de Thamel disposent toutefois d'un générateur individuel de courant, mais la majorité des habitants n'ont pas cette chance et doivent se contenter de l'électricité uniquement quand elle veut bien fonctionner chez eux. Par la force des choses, et comme notre hôtel ne dispose que d'un petit générateur ne tournant qu'à certaines heures de la journée, j'apprends à m'en passer. Quand la nuit tombe, dès la fin de l'après-midi, on sort un jeu d'échecs, on installe nos lampes frontales, et on se lance dans des parties de plusieurs heures, le noir absolu autour de nous, le silence seulement troué par l'aboiement des chiens dans le lointain.

Un matin, on décide de louer des vélos et d'explorer les alentours de Pokhara, une bourgade qui sert de camp de base aux randonneurs venus s'attaquer à l'Annapurna. On n'a pas vraiment d'objectif en tête, juste envie de rouler sous le ciel bleu, entre le lac et les montagnes. On enfourche nos vieilles bicyclettes qui grincent et on prend la route de caillasse qui remonte le cours de la rivière. Les reflets du soleil sur la piste blanche sont éblouissants et nous forcent à plisser les yeux pour admirer la vallée. Un petit groupe de femmes lave des vêtements dans la rivière sous les sommets enneigés. Un troupeau de buffles paît paisiblement dans un champ à l'herbe jaunie par la sécheresse. Une mère et sa fille, ballots de foin sur le dos, nous saluent avec un grand sourire malgré la charge qu'elles portent.

« On n'a pas vraiment d'objectif en tête, juste envie de rouler sous le ciel bleu, entre le lac et les montagnes. »

Bientôt, on rattrape un Népalais d'environ notre âge. Il nous interpelle depuis son vélo d'un anglais hésitant.

« Touristes ?

– *Yes.*

– Vous allez où ? »

On indique le fond de la vallée.

« Mon village est là-bas. Je vous fais visiter ? »

On n'a aucune raison de refuser, alors on le suit.

Quelques kilomètres plus loin, dès les premières habitations, on est accueillis par des cris d'enfants. La nouvelle de notre arrivée fait le tour du village en une minute. Notre hôte vit, je crois, une sorte d'heure de gloire. Il nous présente à ses anciens instituteurs, nous fait visiter son école et finit par nous inviter à prendre le thé dans la maison familiale. À peine installés à une petite table ombragée devant leur cahute, une de ses sœurs me met un bébé dans les bras avec un grand sourire. Je suis mal à l'aise, je n'ai jamais porté un enfant de ma vie, mais ça n'a pas l'air de les déranger. On nous sert un thé bouillant, c'est le prétexte que je trouve pour rendre le bébé à sa mère. La conversation est limitée : personne ne parle anglais, encore moins le français. Nico, qui est au Népal depuis plus d'un mois désormais, énonce les mots qu'il a appris dans leur langue, faisant rire aux éclats l'assemblée à chaque essai. Au moment de repartir, je propose à notre hôte de prendre une photo tous ensemble. Je tends mon appareil à l'une de ses sœurs. Elle l'attrape, y jette un œil, puis me regarde avec incompréhension. Je réalise subitement qu'elle n'a jamais vu un tel objet de toute sa vie. Je lui montre comment viser et où appuyer, et au bout de quelques tentatives, on finit par obtenir un beau souvenir de cette rencontre incroyable.

Do you speak english ? Don't worry !

Si vous ne parlez pas ou peu l'anglais et que c'est un point qui vous freine dans vos projets de voyage, je tiens à vous rassurer : la majorité des gens que vous rencontrerez sur la route ne seront pas des locuteurs anglophones natifs. Ils manieront la langue de Shakespeare de façon plus ou moins bancale, feront régulièrement des fautes et ne remarqueront pas forcément les vôtres, et useront d'un accent fort éloigné de celui que vous entendez dans vos séries préférées. Il y a aussi un grand nombre de pays où les gens ne parlent pas autre chose que leur langue maternelle, et où le moyen de communication sera la langue des signes improvisée même pour le plus bilingue des voyageurs. Donc si votre niveau d'anglais est actuellement très basique, rassurez-vous : cela ne vous empêchera pas de profiter pleinement de l'expérience. Et puis, gardez en tête que quoi qu'il arrive, vous réussirez toujours à vous faire comprendre, quitte parfois à mimer ce dont vous avez besoin et à faire rire tout le monde autour de vous, une excellente façon de briser la glace avec des inconnus.

Le voyage est un très bon moyen pour progresser rapidement, surtout si vous partez seul : vous serez obligé de formuler des phrases, retenir du vocabulaire utile, et en un rien de temps, vous franchirez un cap dans votre maîtrise de la langue. Cela étant dit, rien ne vous empêche de commencer à améliorer votre anglais dès maintenant, avant de partir. Ce que je vous conseille, c'est d'aller directement à l'essentiel : la pratique. Trouvez un partenaire linguistique sur des plates-formes comme Italki, Verbling ou Tandem, et travaillez des situations que vous serez amené à rencontrer une fois en voyage (du type commander un plat au restaurant, demander une direction, acheter un ticket de transport,...). Vous allez vite progresser !

Au Népal, je découvre qu'il existe un monde où on ne saute pas toute la journée d'une réunion à l'autre, cravate autour du cou et attaché-case à la main. Les gens que je croise ici ne sont pas en CDI, à bosser de 9 heures à 18 heures du lundi au vendredi, et à rentrer chez eux pour regarder le dernier épisode de *Lost*. Ils se réveillent avec le soleil et, dès 5 heures du matin, sortent dans les rues, ouvrent leurs magasins et se mettent à vaquer tranquillement à leurs occupations. Quand la nuit tombe, ils rentrent chez eux, sans jamais donner l'impression de courir partout ou de stresser pour quoi que ce soit. Je prends ainsi conscience du rythme complètement absurde que l'on s'impose dans le monde occidental, à vivre les yeux rivés sur la montre, sans laisser place à la moindre spontanéité. Tout dans mon quotidien en France est programmé à l'avance. Ma semaine au boulot à subir les ordres de mon patron, ma pause-déj' express entre midi et 13 heures, mes courses au supermarché le samedi matin. Même mes loisirs sont planifiés : badminton le mardi soir de 20 heures à 22 heures, apéro le jeudi soir avec les copains et promenade au bord de la mer le dimanche après-midi.

En constatant que le rythme de vie des Népalais n'a rien à voir avec le mien, je me mets à rêver d'un quotidien différent. Pourtant, à chaque fois que je me surprends à me plaindre mentalement de ma situation, je relativise. Je culpabilise, même. Eux aussi doivent se lever tous les matins pour aller bosser. J'ai au moins la chance d'avoir des week-ends, de pouvoir prendre des vacances, de voyager, de bénéficier des avantages sociaux que mes ancêtres m'ont généreusement laissés en héritage. La chance d'être né dans un coin de la planète où on ne meurt pas de faim, de vivre dans un pays où aucun enfant n'est livré à lui-même, à errer dans les rues en guenilles, les yeux hagards, à mendier du lait aux touristes. Combien de Népalais échangeraient leur place avec la mienne ? Beaucoup, je le sais. Mais ça ne m'empêche pas de vouloir, chaque jour un peu plus, vivre une vie où je serais davantage en accord avec moi-même, avec mes valeurs. En suivant mon propre rythme, mes propres envies. Et en ayant enfin l'impression que mes journées ont du sens.

« Je me mets à rêver d'un quotidien différent. »

Pendant ce voyage au Népal, je rencontre plusieurs personnes qui sont parties sans date de retour. La première, c'est un Belge qui a quitté son pays pour ouvrir une boutique de location de kayaks sur les rives du lac de Pokhara. Je n'échange pas vraiment avec lui, mais le simple fait de tomber sur un francophone qui vit au Népal par choix, et non par expatriation pour le compte d'une multinationale, m'interpelle fortement. Étant de nature rationnelle, j'ai besoin de voir les choses pour y croire. Et quand je vois ce gars d'une quarantaine d'années, en tongs, tee-shirt et lunettes de soleil, fumer sa clope devant sa cahute aux pieds de l'Annapurna, je me dis que, peut-être, la vie de bureau n'est pas l'unique chemin.

Quelques jours plus tard, une seconde rencontre me marque. Dans ma *guesthouse* à Pokhara, tandis que je sirote un *banana lassi* à l'ombre d'un parasol, je fais la connaissance d'une jeune Parisienne prénommée Fanny. Elle se présente comme ancienne cadre dans les ressources humaines à la Défense. À cette évocation, je visualise la grisaille, le RER, le stress du quotidien en entreprise. Ça ne colle pas avec ce que j'ai sous les yeux : une jeune femme souriante, habillée en sarouel orange, qui me fait rêver avec ses récits d'aventure en Thaïlande, au Viêt Nam, en Chine. Et puis elle prononce ces mots magiques : « Je fais le tour du monde. » J'avais déjà lu cette phrase dans des *bucket lists*, j'avais déjà entendu des gens dire : « Si je gagne au Loto, je fais le tour du monde », mais je n'avais jamais rencontré quelqu'un qui le vivait réellement. Une partie de moi pensait même que sans hériter d'une tante millionnaire, s'offrir ce genre de rêve était aussi impossible que la vie sur Mars ou le voyage dans le temps. Quelques années plus tard, j'aurai rencontré des dizaines de tourdumondistes, des tas de gens qui vivent sur la route et travaillent au fur et à mesure de leurs déplacements. Mais sur le moment, ce « je fais le tour du monde » me fait l'effet d'une bombe psychologique. Je réalise alors qu'il existe un passage entre le monde de l'entreprise et celui de l'aventure, et qu'il est possible de l'emprunter.

« Je fais le tour du monde. »

CHAPITRE 5

« J'ai totalement changé de paradigme »

Au cours de ma scolarité et de ma vie professionnelle, je me suis créé un entourage qui me ressemble. J'ai fait des études supérieures en communication et en journalisme, alors j'ai réuni autour de moi des diplômés du supérieur, des chargés de communication et des journalistes. Des gens qui sont tous passés par le même système et qui voient tous, plus ou moins, la vie avec le même regard. On s'est façonné un monde où on a tous sensiblement le même type d'ambition, les mêmes centres d'intérêt, la même façon de passer nos vacances. Où on est tous confortablement installés dans cet entre-soi rassurant fait de petites habitudes douillettes et de certitudes acquises sans s'en rendre compte au fil des ans. Un monde régit par des règles que l'on a tous acceptées tacitement, comme le travail du lundi au vendredi, les cinq semaines de congés payés par an, les samedis soir à faire la fête et les dimanches midi à déjeuner en famille.

« Je me retrouve confronté à des personnes qui vivent dans une réalité radicalement différente de la mienne. »

Or là, au Népal, je me retrouve confronté à des personnes qui vivent dans une réalité radicalement différente de la mienne. Dont les règles de vie sont à l'opposé complet de tout ce que j'ai construit, de tout ce que j'ai connu, de tout ce que mon entourage et moi-même avons développé au fil du temps. Les Népalais, les voyageurs et les expatriés que je rencontre sur place voient la vie sous un angle entièrement nouveau à mes yeux. Je n'ai pas seulement bougé géographiquement, j'ai totalement changé de paradigme.

C'est pour cette raison que le Népal me fait l'effet d'une claque monumentale. C'est un pas de géant hors de ma petite bulle habituelle, hors de ma zone de confort, loin des gens que j'ai l'habitude de côtoyer, loin des façons de penser que j'ai l'habitude d'observer. Je touche du doigt un mode de vie que je n'imaginais pas possible, dont je ne soupçonnais pas même l'existence.

« Je touche du doigt un mode de vie que je n'imaginais pas possible, dont je ne soupçonnais pas même l'existence. »

Jusqu'alors, je prenais mon pied en partant trois jours dans une nouvelle ville d'Europe et je rentrais chaque fois un peu plus frustré de devoir réintégrer ma petite vie tranquille. Je n'imaginais pas que je pourrais faire le tour du monde comme Fanny, ou m'installer à l'autre bout de la planète comme ce Belge dont je n'ai jamais su le prénom. Je me heurtais sans même m'en rendre compte aux limites de mon environnement et de mon mode de pensée. Mon petit univers était limité à un point tel que je ne savais même pas qu'il y avait un mode de vie possible en dehors de celui que j'avais embrassé par défaut à la fin de mes études, et entretenu inconsciemment au fil des ans.

Mais une fois que l'on entrevoit la perspective d'une vie différente, il est difficile de revenir en arrière, de rentrer chez soi et de prétendre que cette autre voie n'existe pas. Alors comment faire cohabiter ces deux univers dans mon quotidien ? Plus je me creuse la tête et plus je réalise que je ne pourrai pas évoluer dans les deux mondes à la fois. Qu'il m'est impossible d'être simultanément le salarié qui attend sagement ses cinq semaines de congés payés par an et l'aventurier qui arpente la planète en sac à dos. Si je suis aventurier dans ma tête et prisonnier par le salariat dans la vie quotidienne, je vais vivre une vie de frustration, et à terme, je vais « péter un plomb ».

« Je sens que mon "moi profond" s'est transformé. »

Quand je grimpe dans l'avion pour rentrer du Népal, je sens que mon « moi profond » s'est transformé. Que mes aspirations sont désormais ailleurs. Qu'une transition s'est effectuée et que, dans ma tête, je ne suis définitivement plus le salarié mais l'aventurier. Et qu'il me faut trouver une façon de vivre en adéquation avec cette facette de ma personnalité fraîchement révélée.

« Il me faut trouver une façon de vivre en adéquation avec cette facette de ma personnalité fraîchement révélée. »

À mon arrivée en France, je me prends de plein fouet le retour dans ma réalité. La scène se passe dans le train Corail qui me ramène en Normandie. Je dors sur mon siège inconfortable, épuisé par le long trajet depuis Katmandou, quand une main sur mon épaule me réveille en sursaut. C'est l'agent SNCF qui veut contrôler mon billet. Encore dans le brouillard, je le lui tends accompagné de la carte 12-25 me donnant droit à une réduction non négligeable pour ma petite bourse. Enfin, c'est ce que je croyais, car à ma grande surprise, au lieu d'entendre l'habituel : « Merci monsieur, bon voyage » qui m'aurait permis de replonger aussi sec dans le sommeil, j'ai droit à un « Vous n'êtes pas en règle, je dois vous verbaliser. » Je n'en crois pas mes oreilles, mais c'est pourtant vrai : ma carte de réduction a périmé pendant mon séjour au Népal. L'avant-veille, pour être exact. J'avais acheté mon billet de train de retour longtemps avant mon voyage, sans vérifier la date de péremption. Je tente de négocier mais le type ne veut rien savoir. Il reste droit, stoïque, et me fixe avec sévérité comme un adulte qui fait les gros yeux à un enfant pas sage. Je paie la somme demandée en me maudissant de mon inattention et en sentant monter en moi une colère sourde. Vingt-quatre heures plus tôt, j'étais dans un pays où l'électricité fonctionne moins de la moitié de la journée et où des enfants font la vaisselle dans des fontaines publiques faute d'eau courante dans leur habitation. À peine rentré en France, je me fais punir comme un gosse pour une histoire de bout de papier périmé depuis deux jours. Quelle absurdité. Quel monde de fous. Je regrette déjà la vie simple, vraie, du Népal, des Népalais, et des gens que j'ai croisés là-bas.

Quand je rentre chez moi ce soir-là, je ne pense pas à allumer la lumière. Je défais mon sac à la simple lueur de l'éclairage public avant de me rendre compte qu'ici, dans ma chère Normandie, je peux appuyer sur l'interrupteur avec la certitude que l'électricité fonctionnera. Le sac vidé, je prends une douche rapide et je m'effondre de sommeil, juste après avoir programmé mon réveil pour le lendemain matin. 8 h 45.

Quand le réveil sonne, j'ai déjà rangé le Népal dans le tiroir du passé. Je me lève d'un bond, retrouvant aussitôt tous mes réflexes, toutes les petites habitudes de mon appartement.

J'allume la radio pour me tenir vaguement au courant de ce qui s'est passé dans le monde pendant mon absence, je m'habille en vitesse avec mes fringues qui font sérieux et, alors que je descends les escaliers en colimaçon de mon petit immeuble, je me plonge mentalement dans les tâches qui m'attendent. Un tournage au conseil municipal ? Le montage d'un énième film promotionnel insipide avec des personnages en costume parlant de synergie collaborative et de conception-innovation ? Je fronce les sourcils et je rentre dans les locaux. Je fais le traditionnel tour des collègues pour dire bonjour à tout le monde et je m'installe à mon poste de travail. J'ouvre ma messagerie et je parcours rapidement les objets de la trentaine de mails arrivés en mon absence. L'un d'eux attire mon attention. Il a mon chef direct pour expéditeur. Je l'ouvre et je me rends compte aussitôt qu'il ne m'est pas adressé. Le mail était destiné au patron de la boîte mais j'imagine que, par étourderie, mon chef m'a mis en destinataire à sa place. Je lis en diagonale le message et mon sang ne fait qu'un tour. Je reprends la lecture calmement et, en une fraction de seconde, je comprends que ma vie va prendre un tournant radical. J'y apprends que la structure qui m'emploie est en liquidation et que je vais me faire licencier. Licenciement économique, pour être exact.

Quand certaines personnes apprennent ce genre de nouvelle, c'est toute leur vie qui s'effondre. C'est l'angoisse du chômage, de devoir retrouver un boulot, de voir son train de vie diminuer. La peur d'être déclassé socialement, d'être le mouton noir des groupes auxquels on appartient. Certains vont même tomber en dépression. Mais ce n'est pas ce qui se produit pour moi. La surprise passée, je ne ressens ni colère ni angoisse, mais un immense soulagement. Comme si on avait retiré un poids de mes épaules. D'un coup, je me sens enfin libre de l'obligation absurde d'aller pointer au bureau tous les matins. Je repense à Fanny et à son tour du monde. À Nico et à son périple de plusieurs mois en Inde et au Népal. À ce Belge qui a ouvert sa boutique de location de kayaks à l'autre bout du globe. J'entrevois toutes les possibilités, toutes les directions que je pourrais donner à ma vie. Alors un licenciement économique ? L'aubaine : je n'aurai pas à trouver le courage de démissionner moi-même le jour où la frustration de ne pas vivre la vie dont je rêve serait devenue trop insupportable. Car très sincèrement, sans ce coup de pouce inespéré, aurais-je osé prendre mon destin en main, toquer à la porte de mon patron et lui faire part de mon envie de partir ? Rien n'est moins sûr. J'étais finalement assez confortablement installé dans ce boulot, dans cette ville, dans cette petite vie peinarde. J'aurais pu y trouver mon compte encore quelques années, à alterner les courts voyages et les périodes de travail.

« Je me sens enfin libre de l'obligation absurde d'aller pointer au bureau tous les matins. »

« J'entrevois toutes les possibilités, toutes les directions que je pourrais donner à ma vie. »

Pour démissionner, je le sais, il faut vraiment être à bout et avoir une solution concrète de repli. Car, je ne l'ai pas encore mentionné jusqu'à présent, mais il est temps d'en parler. À vingt-trois ans passés, j'ai déjà démissionné d'un CDI. Du job de mes rêves.

CHAPITRE 6

« À 20 ans et 11 mois, je signe mon premier CDI »

Revenons un peu en arrière. En juin 2008, j'obtiens mon diplôme en journalisme, et dans la foulée, je commence un job d'été à *La Presse de la Manche*, le journal de ma ville. Rien de neuf : j'y travaille pendant les grandes vacances depuis que j'ai mon bac. Je m'occupe de la correction et de la mise en pages. C'est un boulot que j'aime bien. Ce n'est pas stressant, l'équipe est vraiment sympa, et je bosse à des horaires qui conviennent à ma personnalité créative, c'est-à-dire le soir, quand les journalistes ont envoyé leurs papiers et que l'on doit préparer la maquette de l'édition du lendemain.

J'aime bien travailler le soir, car il y règne une atmosphère particulière. Les rues sont calmes, désertées par les flâneurs. Les bureaux sont vides, silencieux. La nuit tombante rend solidaire notre petit groupe de cinq ou six personnes. On se sent tous embarqués dans le même bateau, dans l'atelier, sur nos ordinateurs, pendant que nos proches sont chez eux à passer une soirée tranquille dans leur canapé. Un sentiment de camaraderie se développe entre nous, aussi bien entre les petites mains dont je fais partie qu'avec les responsables d'édition qui chapeautent notre travail. L'ambiance est studieuse, concentrée. Seuls le cliquetis des claviers et le ronronnement des machines viennent rompre le silence, chacun étant absorbé par ses articles, veillant méticuleusement à ne pas laisser passer la moindre faute, la moindre coquille.

Je me sentais tellement à l'aise à ce poste que si l'on m'avait proposé un CDI, je l'aurais accepté sans réfléchir, même si ce n'était pas pour faire du journalisme pur et dur. De toute façon, cela m'était égal : mon CDD courait jusqu'à la fin août et, dès le début du mois de septembre, j'allais devoir rembourser les premières mensualités de mon emprunt étudiant. Il me fallait absolument trouver un boulot pour la rentrée. Alors, tous les jours, j'épluchais les nouvelles offres d'emploi dans mon secteur. Avec peu d'espoir : le journalisme n'est pas un domaine très porteur, au contraire. La plupart de mes anciens camarades de promo galèrent de pige en pige pour payer leur loyer, et je n'étais pas très optimiste quant à mes chances de dénicher la perle rare. Je m'imaginais déjà dans l'obligation de cuire des steaks chez McDo pour rembourser mon emprunt, et bien que je ne sois pas du genre à rechigner à la tâche, ça ne m'enchantait guère.

Un jour de juillet, une annonce attire mon attention : «Club de foot professionnel cherche journaliste reporter d'images pour sa chaîne privée. Débutant accepté. Poste à pourvoir au 1er septembre. CDI.»

Jusqu'à présent, je tombais plutôt sur des offres du genre : «Chaîne de télé locale cherche journaliste, bac + 5, parlant 3 langues, avec 5 ans d'expérience minimum, pour stage non rémunéré de 6 mois renouvelable.» Alors quand je découvre l'offre du club de foot, je fais un bond au plafond. Je corresponds pile aux critères recherchés, y compris la passion pour le ballon rond. J'ai aussitôt l'intime conviction que ce boulot est fait pour moi. Que c'est ma chance et que je dois la saisir. Je prépare ma lettre de motivation comme si ma vie en dépendait, je joins au courrier un DVD des reportages réalisés pendant mes études et mes stages, et j'envoie le tout en croisant les doigts.

Quelques jours plus tard, alors que je viens de prendre mon poste à l'atelier et que je commence à préparer la mise en pages du journal du lendemain, je reçois un coup de fil d'un numéro inconnu. C'est le directeur de la communication du club : mon profil lui a plu et il souhaite me recevoir en entretien.

C'est ma mère qui m'emmène au rendez-vous. Après trois heures de route durant lesquelles elle m'entraîne à répondre à toutes les questions qu'on pourrait me poser, on se gare dans le parking officiel du club. Au milieu des voitures de luxe, la vieille Citroën Xsara déglinguée de ma mère fait pâle figure. J'ai un peu d'avance, alors je me répète mentalement l'entretien une dernière fois. Je suis mortifié par le stress. Je sais que je joue gros et plus j'y pense, plus j'angoisse. Puis l'heure arrive. Je ferme les yeux un instant, je prends une grande inspiration pour me calmer, j'embrasse ma mère et je me dirige vers le bâtiment principal où flotte l'écusson du MUC 72, le club de foot de la ville du Mans.

Sa voix posée au téléphone et son statut de directeur de la communication m'ont fait imaginer un homme d'un certain âge qui allait m'impressionner et me déstabiliser pendant l'entretien. Je me trompais. Je suis accueilli par un gars portant le polo du club, un simple jean et une paire de baskets. Il ne doit pas avoir plus de trente ans, et son attitude détendue ainsi que sa façon de s'exprimer me mettent vite à l'aise. L'entretien ressemble à une discussion informelle. Je sens qu'il cherche à me cerner, à comprendre ma personnalité, davantage qu'à vérifier mes compétences. Après une heure d'échange, il me serre la main et me demande mes disponibilités pour revenir rencontrer le directeur général du club. Ça commence à sentir bon.

Deux semaines plus tard, je passe les dernières épreuves et la réponse est officielle : je suis engagé. À vingt ans et onze mois, je signe mon premier CDI pour le job de mes rêves. Journaliste pour un club de foot de Ligue 1. « Bienvenue dans le saint des saints », me dit le directeur général du club quand je signe ce bout de papier qui a valeur de Graal à mes yeux.

Ma mission consiste à suivre les joueurs partout en caméra subjective. Je fais tout comme eux, tout avec eux. Je suis leur ombre. Je les accompagne en avion privé à chaque match, je loge à leur hôtel, je mange à leur table, j'assiste aux séances d'entraînement sur le bord du terrain. J'ai même le droit d'être sur la pelouse pendant l'échauffement d'avant-match pour les filmer au cœur de l'action. Je ne les lâche que quelques secondes avant le coup d'envoi, et je les retrouve sitôt la rencontre terminée pour filmer les réactions dans les vestiaires. Par rapport à mon champ de compétence, ce job est sans conteste ce qui se rapproche le plus de mon rêve d'enfance : devenir un jour joueur professionnel.

« Ce job est sans conteste ce qui se rapproche le plus de mon rêve d'enfance : devenir un jour joueur professionnel. »

Chaque week-end, je suis fier de pouvoir arpenter la pelouse du Stade Vélodrome, remonter le couloir du Parc des Princes ou frissonner aux chants des supporters de Saint-Étienne au moment de pénétrer sur le terrain. Et, malgré un simple Smic en guise de salaire, sacrément heureux de commencer ma carrière de journaliste par un job aussi incroyable. Mes parents aussi sont fiers. Mon père me l'a dit le jour où mon club est venu disputer un match à Caen, l'équipe de ma région, et où j'ai pu lui offrir sa place. Depuis sa tribune, il me voyait sur le terrain, avec ma chasuble « média » et ma caméra à la main, au milieu de joueurs qu'il connaissait depuis des années. Fier et heureux, oui. Mais j'ai vite déchanté.

Je suis quelqu'un qui s'ennuie vite. J'ai besoin d'être constamment stimulé par des choses nouvelles autour de moi. Très rapidement, je me rends compte de la routine absolue du boulot pour lequel je me suis engagé. Chaque semaine est un strict copier-coller de la précédente. La seule différence, c'est la couleur du maillot de l'équipe que l'on affronte. Les séances d'entraînement, les conférences de presse d'après-match, les résumés des rencontres, tout est toujours pareil. Sans le vouloir, je me suis constitué un répertoire de phrases toutes faites que je répète à chaque fois, selon les situations et les résultats du club. Or, si j'avais choisi le journalisme comme voie professionnelle, c'était en grande partie pour le plaisir de me lever chaque matin sans savoir de quoi la journée serait faite. Me rendre au bureau en me demandant si j'allais

« Chaque semaine est un strict copier-coller de la précédente. »

interviewer un ministre, couvrir un accident de la route ou rencontrer le gagnant du Concours de la plus grande tarte aux pommes du monde.

Très vite je me mets en pilote automatique : je n'ai pas besoin de réfléchir beaucoup pour faire mon boulot correctement, juste appliquer mécaniquement les mêmes gestes, les mêmes types de montages vidéo, les mêmes voix off à longueur de journée. L'excitation pour mon travail retombe à peu près aussi vite qu'elle est venue, et je commence à trouver le temps long.

Au quotidien, le manque de vie sociale et l'isolement me pèsent. Bien que je sois constamment entouré, mon boulot est, en réalité, particulièrement solitaire. J'ai toujours l'œil dans la caméra, le casque sur les oreilles, le nez dans le poste de montage. Même si je sympathise avec certains joueurs, je n'arrive pas à m'en faire réellement des amis. Le décalage entre nos modes de vie est beaucoup trop important. Moi, le petit gars qui sort tout juste de ses études et qui découvre la vie, et eux, aux personnalités fortes, le caractère endurci par la médiatisation à outrance, vivant sous le feu des projecteurs et adulés comme des héros par des foules en délire tous les samedis. C'était perdu d'avance. Pardessus le marché, je pense qu'ils me perçoivent comme intrusif avec ma caméra constamment au poing, à épier le moindre de leur mouvement, ce qui ne les met pas dans les meilleures dispositions pour m'accueillir.

Je n'arrive pas non plus à sympathiser avec le reste du personnel administratif. Je suis impressionné par tous ces gars aux titres importants de directeur commercial, directeur marketing, directeur financier, et autres du même acabit. Je me sens insignifiant à côté d'eux, issus de grandes écoles de commerce ou de marketing, qui jonglent avec des sommes mirobolantes et qui dégagent tous énormément de confiance en eux. Je n'ose pas m'imposer, être moi-même. J'ai toujours peur de déranger. Alors je me fais tout petit, je me recroqueville dans ma coquille. J'espérais pouvoir compenser cette solitude au travail par des activités en dehors, mais je n'y arrive pas davantage. Mon planning est calqué sur celui des joueurs. Je bosse tous les week-ends, mes jours de repos sont le mercredi et le vendredi, ce qui n'est pas l'idéal pour avoir une vie sociale normale ou pratiquer une activité quelconque. Mon emploi du temps ne m'offre pas non plus la possibilité de rentrer dans ma région retrouver mes parents et mes amis, qui m'auraient offert une vraie soupape de décompression, une véritable bouffée d'air frais.

Au fil des mois, non seulement je perds de l'intérêt pour mon travail en tant que tel, mais je m'enfonce dans un sentiment profond de solitude dont je n'arrive pas à me dépêtrer. Combiné au salaire qui me laisse tout juste de quoi payer mon loyer, ma bouffe et mon essence, je comprends vite que je ne tiendrai pas longtemps à ce rythme. Je commence à ressentir au fond de moi le besoin d'un réel équilibre entre les différents pans de ma vie. Si je comble à peu près mes aspirations professionnelles, le reste, c'est le néant absolu.

Quand l'équipe commence à se retrouver en mauvaise posture au classement, s'ajoutent alors les problèmes liés aux résultats sportifs. Ma voiture, dont le macaron du club est apposé sur le pare-brise pour me permettre de stationner dans les parkings officiels, se fait régulièrement vandaliser les soirs de défaite. La goutte d'eau a lieu après une déculottée de notre équipe au Parc des

Princes, contre le PSG. En rentrant, je retrouve mes vitres éclatées et mes affaires volées encore une fois. Celle de trop. Le soir même, je suis sur le site de Pôle Emploi à regarder les offres avec une idée fixe en tête : partir le plus vite possible de ce qui ressemble de plus en plus à un enfer. Coup de pot : une webTV de ma ville natale cherche quelqu'un avec exactement mes qualifications. Je cogite toute la nuit sans réussir à trouver le sommeil, et le lendemain, ma décision est prise. Je vais quitter ce job de rêve qui n'en est plus un. Je me replonge dans mes lettres de motivation, je passe les entretiens d'embauche sans le dire à mon chef, je valide les choses en Normandie, et puis, un matin, je lui tends ma lettre de démission. Rien n'était très préparé et j'aurais probablement fait les choses différemment avec le recul. Mais peu importe : il était devenu vital pour moi de recommencer à zéro ailleurs. Et quoi de mieux que ma ville natale, où j'ai mes amis, ma famille, mes habitudes, pour prendre un nouveau départ ?

« Je vais quitter ce job de rêve qui n'en est plus un. »

Un peu plus d'un an après mon arrivée, je range ma caméra, j'éteins mon ordinateur et je quitte les locaux du club pour la dernière fois, déjà empreint d'une certaine nostalgie. Au moment où je franchis la porte vitrée où flotte l'écusson du club, je sais que je clos un chapitre de ma vie dont je serai fier jusqu'à la fin de mes jours, quoi qu'il puisse arriver.

Démission, mode d'emploi ?

Avec le recul, je regrette d'avoir démissionné d'une manière aussi brutale. Je pense qu'il est vraiment important de faire ça proprement, en prévenant son patron suffisamment longtemps à l'avance pour lui permettre de se retourner, de trouver un remplaçant et de le former si nécessaire.

Au-delà de la simple correction et de notre propre devoir vis-à-vis de l'entreprise qui nous emploie, c'est aussi pragmatique : on ne sait jamais comment les choses peuvent tourner. Selon les milieux, les villes, les domaines d'activité, on peut vite se faire une réputation dans un sens comme dans un autre, et ça serait dommage de se griller juste pour ne pas avoir été totalement correct dans sa façon de quitter l'entreprise. Aussi, si on laisse une bonne image, on pourra peut-être un jour revenir y travailler, ou obtenir une lettre de recommandation pour un autre poste.

Bref, si vous envisagez de démissionner, faites ça bien : parlez-en tranquillement à votre patron, laissez-lui du temps pour se réorganiser, et ne soyez pas trop inflexible sur le timing. Ça ne peut que vous être favorable à l'avenir !

J'avais encore vingt ans en signant mon premier CDI et tout juste vingt-deux quand j'ai signé le deuxième. Un an et demi plus tard, j'allais définitivement tirer un trait sur le salariat.

CHAPITRE 7

« Je dois tout quitter »

Revenons désormais à mon retour du Népal et au moment où j'apprends mon licenciement. Ici, je dois faire une petite parenthèse technique pour aider à bien comprendre le contexte. Je suis salarié d'une association créée par deux boîtes de production audiovisuelle afin de donner un cadre légal à la webTV pour laquelle je réalise les reportages. Sauf que dans les faits, je travaille dans les locaux de l'une des deux boîtes de prod', et je passe au moins autant de temps, si ce n'est plus, à bosser sur leurs projets de films institutionnels au détriment de la webTV. Pour des raisons que je n'ai jamais vraiment comprises, l'association s'est retrouvée en liquidation judiciaire et s'est vue imposer le licenciement de son unique salarié : moi.

Lorsque mes supérieurs se rendent compte que le mail est arrivé par erreur dans ma messagerie, ils décident de me convoquer en entretien. Laurent, le grand patron, est un gars gentil, humain, que j'apprécie même s'il se trompe sur mon prénom une fois sur deux. Il sait que je bosse bien, même si je ne suis pas toujours enthousiaste à l'idée de partir sur des tournages que je juge sans intérêt.

« Il faut bien faire tourner la boîte », me dit-il.

Une considération patronale qui me passe complètement au-dessus sur le moment, mais que je comprendrai réellement quelques mois plus tard.

L'entretien a lieu dans son bureau au retour de la pause-déjeuner. Quand je me présente à sa porte grande ouverte, il est en train de faire de la place sur une chaise où traînaient des dossiers.

« Un café ? » me propose-t-il en m'invitant à m'asseoir.

Son bureau disparaît sous des piles de documents, de factures, de tasses vides. Laurent est un technicien de l'image, un créatif, et je ne suis pas étonné que l'organisation administrative ne soit pas son truc.

Il revient avec deux gobelets fumants, me tend le mien, puis s'installe dans son fauteuil de patron. Aussitôt, il m'annonce avoir trouvé une solution qui devrait me convenir. Je l'écoute en fronçant les sourcils. Il me propose de me réembaucher, cette fois pour le compte de la boîte de production qu'il dirige.

J'imagine qu'il s'attendait à me voir sauter de joie ou, au moins, exprimer une once de soulagement : c'est de la déception qu'il lit dans mes yeux en prononçant ces mots. De la déception parce qu'après avoir découvert le mail annonçant mon licenciement, tout s'est passé très vite dans ma tête.

J'ai vaguement envisagé de chercher un nouveau poste quelque part, mais je n'avais pas envie de recommencer une expérience de salarié à l'autre bout de la France. Je savais d'avance ce qui m'attendait et ça ne m'enchantait guère : retomber dans la même routine qu'aujourd'hui, mais sans ma famille et mes amis à proximité, ni les habitudes et les petits plaisirs qui rendent supportable mon quotidien en Normandie. J'ai également passé en revue les autres options en journalisme à Cherbourg, mais la pensée m'effleurait à peine l'esprit que je me surprenais aussitôt à me dire : « Non, je me garde ça sous le coude pour mes vieux jours. »

En fait, j'avais pris ma décision depuis longtemps, bien avant même que l'on m'annonce mon licenciement. Je savais au fond de moi quel était mon besoin profond. Ma petite voix me le soufflait depuis des mois, mais je m'évertuais à ne pas l'entendre. Et plus je réfléchissais aux options de prolonger le salariat, à Cherbourg ou ailleurs, plus l'évidence s'imposait à moi. Je devais tenter l'expérience. Je devais tout quitter et partir voyager.

Alors quand Laurent me propose ce contrat pour passer de l'association à la boîte de prod', je souffle un grand coup, je fais le clair dans mes pensées et j'acte la décision la plus importante de ma vie en quelques secondes à peine.

« Merci pour la proposition, mais je refuse. »

Cette prise de décision est un vrai soulagement. Je me sens soudain léger et libéré, comme quand on retire le couvercle d'une marmite d'eau bouillante et que la pression s'évacue brutalement en vapeur. J'assiste à la suite de l'entretien de très loin, comme détaché de mon propre corps. Je crois qu'il me propose de l'aide dans ma future recherche d'emploi, m'explique les démarches à faire auprès des différents organismes pour faire valoir mes droits au chômage. Je suis complètement déconnecté du truc.

« Dans ma tête, je rêve de Thaïlande et de Canada, de déserts et de fjords, de plages paradisiaques et de sommets enneigés. »

Dans ma tête, je rêve de Thaïlande et de Canada, de déserts et de fjords, de plages paradisiaques et de sommets enneigés.

Les semaines qui suivent me paraissent interminables. Je n'ai jamais été par plaisir au travail, mais là, c'est pire que jamais : chaque matin supplémentaire où mon réveil sonne renforce ma hâte d'arriver à la date de rupture officielle de mon contrat. Alors que je rêve d'ailleurs, je suis encore là, dans ce bureau sans fenêtre, jusqu'à la fin du préavis.

Quand la nouvelle de mon licenciement est rendue publique dans la petite société, tout le monde se prend de compassion pour moi. On me regarde avec des yeux de biche qui veulent dire à la fois «je suis désolé pour toi» et «je suis bien content de ne pas être à ta place». Des gens à qui je ne parlais pratiquement jamais viennent me taper dans le dos en me souhaitant bon courage. Tu parles, je sais que chacun est bien content d'avoir sauvé sa peau. Ça ne fait que renforcer ma conviction de faire le bon choix, de fuir loin de cette hypocrisie que je supporte de moins en moins. J'ai besoin de choses vraies, de relations humaines sincères. D'accomplir quelque chose qui a du sens à mes yeux, et pas de participer à cette gigantesque comédie qu'est le monde de l'entreprise.

Bizarrement, le sentiment de ne plus rien avoir à perdre me libère de certains carcans et j'ose enfin affirmer mes opinions même sur des choses banales, comme le site internet de la boîte de prod' qui subissait une refonte à ce moment-là. Je ne franchis jamais aucune limite, je réalise toujours mes tournages, mes montages et mes voix off avec professionnalisme, mais je ne me lance plus à corps perdu dans des soirées complètes passées au boulot, comme je pouvais le faire parfois pour terminer un reportage ou un projet important. Désormais, je me contente du minimum syndical qu'implique mon contrat de travail, à savoir 35 heures par semaine contre un Smic, et rien de plus.

> *« J'ai besoin d'accomplir quelque chose qui a du sens à mes yeux, et pas de participer à cette gigantesque comédie qu'est le monde de l'entreprise. »*

La fin de mon contrat approche à grands pas, et mes journées au travail ne sont vraiment plus que du temps perdu. Le printemps s'est installé sur la Normandie et j'essaie d'en profiter comme je peux en emboîtant le pas de toutes les pauses clopes possibles alors que je ne fume pas, juste pour sortir de mon bureau et apercevoir la lumière du jour. Je réduis mon investissement personnel au minimum absolu : je réponds aux rares mails qui tombent encore dans ma messagerie, je préviens quelques interlocuteurs réguliers que dans une dizaine de jours je ne ferai plus partie de la boîte, et j'assiste, un poil amusé, à la grande danse que chacun mène pour se montrer important auprès des patrons, pour ne pas être le prochain sur la liste des damnés.

Et puis la date fatidique du 15 juin arrive. Le jour de ma délivrance. C'est un mercredi. Cela fait un moment maintenant que je suis d'une inutilité absolue au travail. Je ne participe plus à aucun tournage, aucun reportage. Ma voix off n'est plus sur le moindre support. J'ai disparu. Effacé. Ce jour-là, je n'attends même pas 18 heures pour partir. En fait, autant je me rappelle parfaitement de mon dernier jour dans le club de foot, avec la nostalgie de tirer un trait sur une période vraiment unique de ma vie, autant là, je n'ai même pas de souvenir net de ce qui s'est passé. J'imagine que j'ai dit au revoir à tout le monde, bonne continuation, le bla bla habituel, et puis je suis parti boire un coup avec mes potes. Ce soir-là, on trinquait à un anniversaire.

CHAPITRE 8

« C'est à ma mère que j'annonce la nouvelle en premier »

À mon retour du Népal, la première personne à qui je rends visite est mon grand-père. Malgré ses quatre-vingt-onze ans, il est encore en forme. Il se cuisine ses petits plats, sa table de chevet disparaît sous des kilos de livres d'histoire, et il adore quand je lui raconte mes anecdotes de voyage. Lui aussi a beaucoup roulé sa bosse, surtout pour sa génération. Un jour, il fait le décompte des pays qu'il a visités et m'annonce fièrement le total : treize. Je le bats de peu, et il rétorque qu'à son époque, il ne pouvait pas faire mieux car les pays de l'ex-bloc de l'Est n'avaient pas encore volé en éclats.

Quand j'arrive, il est assis dans son éternel fauteuil près de la fenêtre donnant sur le jardin. Il m'accueille avec un large sourire.

« Ah, mon grand voyageur, comme je suis content de te voir ! Alors, le Népal ? »

J'installe mon ordinateur portable sur le rebord de la table – il n'y avait pas de Smartphone à l'époque – et je commence à lui raconter mon voyage en faisant défiler une sélection de photos. Quand je lui explique que des vaches sacrées bloquaient tout un boulevard, créant un bouchon monstrueux, et que les Népalais se sont mis à rouler sur le trottoir pour les contourner, il rit comme un enfant. C'est quelque chose que j'ai toujours admiré chez lui : son rire facile, sa bonne humeur permanente même face aux situations critiques. Peut-être parce que quand on passe ses vingt ans sous l'occupation nazie, il n'y a pas grand-chose de pire qui peut arriver ensuite et on finit par prendre les petits aléas de la vie avec beaucoup de recul.

Mon grand-père était expert-comptable. D'abord comme salarié puis il a eu son propre cabinet. Il travaillait de chez lui, de son bureau où j'adorais me rendre quand j'étais enfant pour taper sur la grosse calculatrice qui trônait au milieu de ses dossiers.

Il est fier que je sois journaliste. Quand je bossais dans le foot, il m'appelait tous les jours pour parler des joueurs, des matchs, de l'ambiance. Pour lui, être journaliste, c'est appartenir à une profession noble, marqueur d'une certaine position sociale à laquelle beaucoup de gens de sa génération accordent de l'importance.

J'appréhende le moment où il va me demander « Comment ça va le boulot ? », car j'ai peur de le décevoir en lui annonçant mon licenciement. La nouvelle est encore trop fraîche dans mon esprit. Je n'ai pas eu le temps d'intégrer tout ce que ce changement allait impliquer dans ma vie, ni trouvé une façon positive de présenter mon arrivée dans la case « chômage ». Heureusement, ce jour-là, il ne mentionne pas mon travail : on parle de nos voyages, des endroits où il aurait rêvé d'aller – il me cite Saint-Pétersbourg –, des endroits où il n'a jamais mis les pieds par principe – l'Angleterre. Et puis je prends congé, sans avoir trouvé la force d'aborder le sujet avec lui.

C'est à ma mère que j'annonce la nouvelle en premier. Deux ans plus tôt, elle aussi a traversé l'épreuve du licenciement économique, et s'en est également servi comme moteur pour changer de vie. Passionnée par la diététique, toujours à prôner un mode de vie sain à son entourage, elle a décidé de changer complètement de voie l'année de ses cinquante ans. Elle a abandonné son métier de secrétaire, rébarbatif au possible, pour reprendre le chemin de l'école et suivre une formation en naturopathie, la voie professionnelle dont elle rêvait depuis des années. Dans sa jeunesse, elle a aussi habité quelque temps à l'étranger, en Allemagne et en Angleterre, et je savais qu'elle comprendrait mon besoin d'aller voir si l'herbe est plus verte ailleurs. Je n'avais donc pas particulièrement d'appréhension à lui parler de mon licenciement et de mes intentions de voyager, je savais qu'elle le prendrait bien, qu'elle m'encouragerait à suivre le chemin qui me rendrait heureux, même si, et c'est normal, elle s'inquiéterait pour moi.

Mon père est, lui, d'un tempérament beaucoup plus anxieux. Si je savais que j'aurais également son soutien absolu dans mon projet, je voulais le ménager, lui éviter de faire des nuits blanches à cause de moi. Il a toujours eu tendance à me conseiller les chemins les plus sûrs et à s'assurer que j'avais des solutions de repli quand je m'aventurais dans une direction ou dans une autre, professionnelle ou non. Alors si je lui annonçais de but en blanc que j'allais tout quitter pour partir en voyage, sans boulot, sans appart', et pratiquement sans un sou en poche, je risquerais de lui provoquer une attaque. Je devais amener le sujet avec une certaine délicatesse, en échelonnant les annonces dans le temps. C'est le licenciement, je crois, qui lui a fait le plus peur. D'un coup, je perdais le précieux sésame que représente le CDI. Non pas dans son esprit comme un marqueur de vague réussite sociale, mais plutôt de sécurité financière. Mon père n'a, à ma connaissance du moins, jamais signé le moindre CDI de sa vie. Il a arrêté ses études avant le bac et a bossé comme vacataire pour un institut de sondage pendant la quasi-totalité de sa vie professionnelle, en se consacrant à mille pour cent à sa passion : la photographie d'art. Et avec talent : au cours de mon enfance, je le voyais régulièrement rapporter des médailles et des trophées décernés en France comme à l'étranger. C'était sa richesse à lui : la reconnaissance de ses pairs. Mais je sais qu'il aurait aimé aussi pouvoir gagner correctement sa vie avec ses photos, et que cet attachement au CDI lui vient également de l'incertitude de ses propres revenus. Heureusement, ce dévouement à sa passion lui permet de comprendre la mienne pour le voyage, et ma façon de vouloir la vivre pleinement à mon tour. Alors quand je lui parle de mon projet, au cours d'une de nos innombrables balades sur le sentier le long de la plage de mon enfance, il me dit juste : « Fonce, mon grand. »

« Fonce, mon grand. »

Comment annoncer à ses proches un changement de vie radical ?

Quand il s'agit de prévenir vos proches de votre changement de vie, je vous recommande d'éviter d'en faire une cérémonie solennelle devant toute la famille réunie : vous n'êtes pas en train d'annoncer un mariage ou une grossesse. Essayez plutôt de repérer dans votre entourage les personnes au parcours atypique (un départ à l'étranger, un changement de carrière, etc.) et de commencer par aborder le sujet avec elles, de manière individuelle. Ce n'est pas systématique, mais ce sont souvent elles qui seront le plus à même de vous comprendre et de vous apporter un vrai soutien psychologique, ainsi que, parfois, des conseils ou une vision plus large que la vôtre, en fonction de leurs expériences passées.

Faire les annonces de manière individuelle permet aussi de vous roder dans la façon de présenter les choses. Plutôt que de vous mettre un gros coup de pression en annonçant, sans le droit à l'erreur, votre départ à tout le monde d'un coup, là, vous vous entraînez sur des cobayes faciles et compréhensifs. Et quand viendra le moment de le faire auprès des gens dont vous appréhendez la réaction, vous serez plus détendu, vous saurez quels mots employer pour faire meilleure impression, comment formuler votre projet, et ainsi vous améliorerez sensiblement les chances d'obtenir une réaction positive de leur part.

CHAPITRE 9

« Je suis en train de changer de vie pour de vrai »

Je dors très mal la nuit qui suit ma dernière journée au travail. Non pas parce que j'ai bu quelques bières ou parce que j'angoisse de mon avenir, mais simplement parce que j'ai la sensation d'avoir oublié quelque chose : activer mon alarme pour le lendemain matin. Je me réveille plusieurs fois dans la nuit en croyant avoir raté l'heure, et puis je me rendors en me disant : « Tu n'as pas à te lever, rappelle-toi ! » Quand finalement j'ouvre les yeux et que mon téléphone indique dix heures passées, je suis pris par un sentiment grisant : me voilà libre ! La première journée de ma nouvelle vie !

Je me lève plein d'entrain et je vais me faire chauffer un café. Je m'assois avec ma tasse bouillante au bord de mon canapé-lit (j'habite dans un studio et mon salon me sert aussi de chambre, de salle à manger, de bibliothèque, de cuisine, de salle de jeu et de bureau) et je savoure ces premières minutes de liberté. Je pense à tous les matins où je rêvais de pouvoir rester bien au chaud sous la couette au lieu d'aller travailler, je pense à toutes les heures perdues dans ce bureau sans fenêtre à bosser sur des projets vides de sens. Je pense à mes collègues qui, hier encore, se plaignaient de leur condition, et je me dis que je suis bien content de ne plus avoir à faire comme eux. À moi la liberté !

Je pose ma tasse de café vide sur ma vieille table basse Ikea et, alors que j'émerge doucement du brouillard, une pensée me traverse l'esprit : «Bon, et je fais quoi maintenant ?» Jusqu'à présent, ma vie était restée strictement identique : le même boulot, le même appart', les mêmes amis, la même routine en semaine comme le week-end. Il n'y avait que dans ma tête que j'étais déjà parti à l'autre bout du globe avec mon sac d'aventurier. Tout quitter, c'était juste un truc dont je rêvais vaguement, qui m'excitait les jours où je m'ennuyais un peu trop, mais qu'au fond de moi je ne pensais pas accomplir réellement. C'est seulement ce matin-là, quand je commence ma journée sans l'obligation d'aller au bureau, que je réalise subitement que je me suis lancé. Ça y est, je suis en train de changer de vie pour de vrai. J'ai quitté mon travail.

« Bon, et je fais quoi maintenant ? »

Cette pensée me donne le vertige. Merde, qu'est-ce que j'ai fait ? Est-ce que je ne viens pas de signer pour la pire erreur de ma vie ? Est-ce que je ne devrais pas postuler tout de suite à toutes les offres d'emploi qui me tomberaient sous la main et renoncer à ce projet complètement farfelu ? Les questions fusent dans mon esprit et je réagis comme pour tout ce qui a tendance à m'angoisser : j'enfouis le problème en me disant qu'une solution finira bien par survenir. Puis,

« J'enfouis le problème en me disant qu'une solution finira bien par survenir. »

avec une petite pensée pour mes désormais anciens collègues obligés de bosser, je lance le nouvel épisode de *Dexter* téléchargé dans la nuit, sans même prendre la peine de m'habiller.

Les semaines qui suivent sont étranges. Jusqu'à présent, j'ai surtout raisonné en me disant : « Qu'est-ce que je ne veux plus dans ma vie ? », avec pour réponse principale le salariat et sa routine infernale du métro-boulot-dodo. Mais je ne m'étais encore pratiquement jamais posé la question qui découlait pourtant logiquement : « Qu'est-ce que je veux pour la suite, pour remplacer cette routine ? » Or, chaque matin désormais, c'est cette interrogation qui s'impose à moi : « Que faire de mes journées ? » Vouloir changer de vie, c'est bien, mais pour faire quoi concrètement au quotidien ? Voyager ? OK, il va falloir s'y mettre alors. Car pour le moment, ce grand soleil de début d'été m'invite surtout à passer mes journées à la plage ou aux terrasses des cafés, et les semaines qui suivent mon licenciement ressemblent plus à des vacances qu'à la mise en place d'un vrai projet de changement de vie. Aussi, je suis, je crois, dans une sorte de déni. Je n'ose pas réellement admettre que je n'ai plus de boulot, et je n'ai pas le courage d'affronter ma responsabilité nouvelle, celle de prendre ma vie en main et d'organiser concrètement ce qui

« Vouloir changer de vie, c'est bien, mais pour faire quoi concrètement au quotidien ? »

« Les semaines qui suivent mon licenciement ressemblent plus à des vacances qu'à la mise en place d'un vrai projet de changement de vie. »

devrait logiquement découler de mon licenciement, à savoir mon départ pour l'étranger avec un sac sur le dos. J'ai peur, tout simplement. Peur de me rater complètement et que l'on se foute de ma gueule quand je rentrerai la tête basse quémander un emploi pour remplir le frigo alors que j'étais parti fier comme un coq à l'assaut du monde. Peur, aussi, de partir seul en voyage à l'étranger et de ce que je vais y trouver. Cette peur me tétanise. Alors plutôt que de prendre le risque de passer à l'action, je fais l'autruche et je repousse sans cesse le moment d'agir, comme si j'essayais d'appuyer sur le bouton «pause» le temps de me remettre les idées en place et de donner une direction claire à ma vie.

« J'ai peur, tout simplement. »

Mais si les premiers matins à me lever sans réveil et à traîner devant mes séries préférées sont assez jouissifs, une nouvelle routine se met en place et je l'aime encore moins que la précédente : je ne fais absolument rien de constructif. Je ne travaille plus, je glande jusqu'en début d'après-midi où je vais retrouver les copains, et je rentre chez moi rarement avant minuit et non sans avoir descendu quelques pintes dans les bars de ma petite ville qui, soudain, me paraît bien douillette. Ce rythme est agréable quelques semaines, mais au bout d'un moment, il ne m'est plus possible de continuer ainsi. J'ai toujours cette soif de découverte, de rencontre. Cette

« J'ai toujours cette soif de découverte, de rencontre. Cette envie de parcourir le monde, de ressentir ce sentiment si particulier quand on débarque dans un nouveau pays, une nouvelle ville. »

envie de parcourir le monde, de ressentir ce sentiment si particulier quand on débarque dans un nouveau pays, une nouvelle ville. Petit à petit, l'appel du voyage se fait à nouveau entendre, et je ne tarde plus à me retrouver le nez sur les sites des compagnies aériennes *low cost*, à l'affût d'un bon plan pour m'envoler pas cher, mais toujours sans oser franchir le pas.

CHAPITRE 10

« C'est le Portugal qui retient mon attention »

Au bout d'un moment à tourner en rond chez moi, fatigué de jouer à cache-cache avec mes responsabilités, je m'arrête sur deux questions : quand partir, et quel pays choisir comme première destination.

En ce qui concerne le « quand », je me décide assez vite : ce sera après mon anniversaire. C'est une date pratique : je suis né à la fin du mois de septembre, ce qui me laisse le temps de vider et rendre mon appartement sans trop de pression. De toute façon, je ne vis pas dans un palace, les trente-cinq mètres carrés de mon studio seront assez rapidement débarrassés, et à part quelques cartons de livres et de disques, je n'aurais pas grand-chose à stocker. Accessoirement, cela me permet aussi de profiter de l'été tranquillement et de fêter mon changement d'année avec mes amis et ma famille. Car même si je commence à être à l'aise avec le fait de voyager à l'étranger, je ressens une certaine angoisse à l'idée de partir en solo pour la toute première fois de ma vie. Et cela me déprimerait trop d'être seul dans une ville inconnue pour mes vingt-quatre ans qui approchent. Donc je tranche : je partirai la semaine qui suit mon anniversaire.

Le choix de la date étant arrêté, il est beaucoup plus simple de choisir la destination. Déjà, je décide de me limiter à l'Europe afin de ne pas me ruiner en billet d'avion. Ensuite, le premier plaisir que j'ai envie de m'offrir grâce à ma liberté fraîchement acquise, c'est de suivre le beau temps et esquiver les semaines de météo dégueulasse qui attendent une partie du continent à cette période de l'année. Je réfléchis donc aux pays qui sont réputés pour avoir un temps correct en octobre. C'est le Portugal qui retient mon attention : il devrait faire encore beau, relativement doux, et il y a des promotions sur les billets d'avion pour Porto au moment où je regarde. Je sais aussi que le Portugal n'est pas une destination très chère, ce qui correspond pile à ce que je recherche. Car même si j'ai mes bons plans pour ne pas dépenser beaucoup en voyage, je n'ai pas une bourse illimitée, loin de là. Et plus je voyagerai dans les pays bon marché, plus mes économies dureront longtemps, donc plus je pourrai repousser le moment de rentrer en France pour retrouver du travail.

> « Je fais quelques clics, je sors la carte bleue, je valide le paiement, je reçois un mail de confirmation, et puis plus rien. »

Par un beau jour de juillet, je m'apprête à acheter mon billet d'avion pour Porto contre une poignée d'euros. Je suis posé sur mon canapé, l'ordi sur les genoux et la souris à la main. Je fais quelques clics, je sors la carte bleue, je valide le paiement, je reçois un mail de confirmation, et puis plus rien. Je baigne dans le même silence que trois minutes plus tôt. En même temps, je m'attendais à quoi ? Des applaudissements ? Une haie d'honneur ? Des coups de téléphone de félicitations ? J'ai acheté un billet d'avion, pas gagné la Coupe du monde ou remporté l'élection présidentielle.

Dans les films, quand le héros accomplit son objectif, une musique triomphale retentit. Mais dans la réalité, ce n'est pas ce qui se passe. Je reste assis là, dans le silence de mon appartement, à réaliser que je viens de concrétiser mon changement de vie alors que je suis exactement la même personne qu'un instant plus tôt. Puis, comme je commence à avoir faim, je referme mon ordinateur, je me lève et je lance la cuisson de mes spaghettis.

Comment faire le premier pas ?

Quand on projette un changement de vie, le cap du passage à l'action est extrêmement difficile à franchir, et il est fréquent de rester coincé longtemps au stade de la préparation mentale. On trouve toujours une bonne excuse pour attendre un meilleur moment, un meilleur timing. On se dit : « Je partirai quand j'aurai un peu plus d'argent de côté, quand le mariage du cousin sera passé, ou quand telle ou telle condition sera plus favorable. » Et finalement on se retrouve à repousser sans cesse le moment du départ.

En réalité, c'est souvent la peur de passer à l'action qui nous inhibe complètement. Or c'est une émotion normale face à la perspective d'un grand changement. Saine, même : elle permet de réfléchir à deux fois à son projet, de vérifier que tout est bien ficelé, que tout tient la route. Mais si vous sentez que cette peur vous tétanise au point de vous empêcher de faire le premier pas vers votre nouvelle vie, qu'elle devient un véritable frein à vos projets, alors il y a une solution : celle de l'action engageante. En clair, il s'agit de prendre une micro-décision sur quelque chose de peu anxiogène, de simple à réaliser immédiatement, et qui déclenche une réaction en chaîne positive amorçant la transition vers votre nouvelle vie.

Je l'ai fait sans le savoir quand j'ai acheté mon billet d'avion pour le Portugal. Partir tout seul là-bas sans date de retour me faisait peur, mais acheter un billet d'avion, en revanche, ne m'effrayait pas du tout. Pourtant cette action simple m'a permis de surmonter une peur paralysante, et d'enclencher tout le reste : le départ de mon appartement, mon voyage en solitaire, et toutes les aventures qui allaient suivre.

Ma deuxième mission de l'été consiste à rendre mon logement. Autant j'étais content de me débarrasser de mon boulot inintéressant au possible, autant j'aimais beaucoup mon appart', situé dans une rue piétonne commerçante, et épicentre idéal pour les présoirées entre potes, avec les bars à quelques minutes de marche. L'ancienne locataire, décoratrice d'intérieur, l'avait rénové avec beaucoup de goût. Elle avait notamment installé un long bar élégant pour marquer la séparation entre la partie cuisine et le salon-chambre, recouvert les murs de papiers peints aux couleurs chaudes et déposé un sol en sisal donnant un aspect chaleureux à la pièce. Avec mes meubles en bois, mes livres, la multitude de petites lampes douces et quelques plantes vertes, je m'y sentais bien. Pourtant, hors de question de partir voyager en m'encombrant d'un loyer et des factures : le poids dans le budget serait trop important et de toute façon, j'ai besoin de brûler mes bateaux pour avancer. Garder l'appart' serait la tentation permanente de vouloir revenir m'y cocooner, comme une zone de confort matérielle dont je cherche à m'échapper pour grandir. Je farfouille donc sur internet à la recherche d'un modèle de lettre de résiliation de bail. Je l'imprime, la signe et la glisse dans une enveloppe. Je n'ose pour le moment pas l'envoyer à mon propriétaire. Autant avec l'achat du billet d'avion je pourrai toujours me dégonfler à la dernière minute si je n'ai plus le cran de partir, autant là, l'appartement, je ne pourrai plus faire marche arrière : quoi qu'il arrive, je me retrouverai sans toit sur la tête au bout du mois de préavis.

« J'ai besoin de brûler mes bateaux pour avancer. »

La petite enveloppe reste posée plusieurs jours sur ma table basse avant que je me décide enfin à la timbrer et la déposer dans la boîte postale au bout de ma rue. Au moment de lâcher le bout de papier dans la fente « Destinations locales », une décharge d'adrénaline me traverse et mon rythme cardiaque augmente sensiblement. Un instant de panique me fait hésiter, mais je m'interdis de relancer mon éternel débat intérieur sur les « pour » et les « contre » de me lancer dans une telle aventure. Je souffle un grand coup, relègue mes inquiétudes aussi loin que possible, et je pousse l'enveloppe jusqu'à la sentir s'échapper définitivement de mes doigts. Autour de moi, les gens vaquent à leurs occupations. Une dame à chapeau sort d'une boutique de vêtements de grands sacs à la main. Un couple se tient enlacé par la taille en se dévorant des yeux. Des lycéens s'esclaffent bruyamment à la terrasse du café de l'autre côté de la rue. La vie continue, tranquillement, pour chaque personne que je croise. Dans un mois, je n'aurai plus de chez-moi.

« Dans un mois, je n'aurai plus de chez-moi. »

Quelques jours après avoir envoyé ma lettre de résiliation de bail, Guillaume, un ancien camarade de promotion habitant dans l'est de la France, vient passer le week-end chez moi. Sa venue me fait du bien : elle me permet de m'anesthésier le cerveau, d'oublier complètement mon avenir immédiat et les anxiétés qui vont avec. On profite de nos retrouvailles pour visiter la région, nous plonger dans les souvenirs de nos années étudiantes pas si lointaines, et boire joyeusement quelques pintes dans les bars du centre-ville. Quand je lui annonce mon licenciement et mon intention de profiter de l'opportunité pour voyager quelque temps, il a la délicatesse de s'intéresser à mon projet sans m'assaillir de questions, comprenant assez vite que ma motivation consiste en une envie irrépressible d'aventure et un ras-le-bol absolu de tout ce qui ressemble de près ou de loin à un bureau.

« C'est quoi ton plan, alors, une fois que tu seras au Portugal ? »

Mon plan, c'est que je n'en ai pas : j'ai quitté mon boulot, je vais rendre mon appart' et j'atterrirai à Porto. C'est tout. La suite, je l'improviserai.

Avant l'arrivée de Guillaume, j'ai surtout pris des décisions dans ma tête et effectué quelques clics sur mon ordinateur. Après son départ, je commence à débarrasser mon appartement, et je réalise subitement le tournant donné à ma vie. Je refile une lampe de chevet et mon micro-ondes à Nathalie, ma plus jeune sœur. Ce sont les deux premiers meubles à partir, et déjà je sens un vide. Et puis tout s'accélère. Un jour, ma mère m'apporte des cartons. Je les remplis de mes livres, de mes disques et de mes DVD jusqu'à voir le mur à travers les étagères de ma grande bibliothèque désormais vide. Mon petit cocon n'en est plus un. Il redevient un appartement quelconque rempli de cartons, que j'entasse ensuite dans le garage de mon père. Plus ma vie se purge de son essence matérielle, plus je ressens l'angoisse grimper. Je me dépouille de tout ce que je suis, tout ce que j'ai. J'enlève toutes les couches de superficialité comme on détricote un pull-over, et je me retrouve tout nu, avec mon projet de voyage et un matelas à même le sol pour mes dernières nuits.

« Mon plan, c'est que je n'en ai pas. »

Le soir, je peine à trouver le sommeil. Aussitôt allongé, mes pensées se bousculent et ça cogite dur dans ma petite tête. Je réalise que sans boulot et bientôt sans appart', le chapitre de ma vie en Normandie touche à sa fin. Désormais, la machine est vraiment lancée, et ce que je viens d'enclencher commence à me faire peur. J'ai la sensation que tout peut m'échapper à chaque instant. Mais que faire si je change d'avis et que je décide de ne plus partir ? Passer mes journées enfermé chez mes parents, au chômage et sans perspective ? Tout bien pesé, je préfère encore l'incertitude du voyage en solitaire. C'est là que je comprends que je ne ferai pas machine arrière. Que je ne changerai pas d'avis sur le chemin que j'ai commencé à suivre depuis quelques semaines. Quoi qu'il arrive, le moment venu, je ne me dégonflerai pas. J'irai au bout de mon projet. Je serai au Portugal en octobre.

Le 31 août, je viens de donner un dernier coup de ménage avant l'état des lieux de sortie quand le propriétaire frappe à ma porte. C'est un petit homme discret, aux cheveux blancs coupés en brosse et aux manières énergiques. J'ai toujours eu de bons rapports avec lui, alors une fois la paperasse réglée, on papote un peu dans l'appartement vide. Il me demande pourquoi je pars. Je lui explique que je quitte tout pour voyager en sac à dos à travers le Portugal. Sa réaction est pleine d'un enthousiasme auquel je ne m'attendais pas.

« Vous avez bien raison ! Vous êtes jeune, profitez-en ! Si j'avais votre âge, je le ferai aussi ! »

C'est la première fois que j'annonce à quelqu'un le projet dans son ensemble. Jusque-là, c'était simplement par bribes : d'abord le licenciement, puis les hésitations, puis les envies de voyager. Personne n'avait encore entendu le projet énoncé comme ça, dans sa globalité, pas même Guillaume qui était pourtant là peu de temps auparavant. Peut-être parce qu'avec mes proches, j'ai toujours eu une certaine appréhension quant à leur jugement, et différer les annonces était une manière de me protéger, de ne pas risquer de me prendre une réaction trop négative en pleine face. Là, quand les mots sortent de ma bouche et que je me rends compte de ce que je suis en train de dire, je me surprends à ressentir une fierté bien supérieure à quand j'annonçais simplement que j'étais journaliste pour une webTV locale.

CHAPITRE 11

« Je suis sur le bon chemin »

C'est chez Aurélie, ma sœur cadette, que je passe ma dernière nuit avant le départ. Elle habite à Beauvais, à quelques kilomètres de l'aéroport d'où décolle mon avion pour le Portugal. Je dors mal, partagé entre le stress de me plonger dans l'inconnu et la fierté d'avoir réussi à tenir le cap jusqu'à aujourd'hui, date à laquelle je vais commencer réellement ma nouvelle vie de voyageur.

Dès mon réveil, je comprends que je n'ai pas choisi la voie de la facilité. En temps normal, j'aurais pris mon petit déj' tranquillement et je me serais rendu au bureau pour une journée de reportage à l'intérêt variable. Ma plus grande difficulté aurait peut-être été de trouver une place de parking sur le lieu de tournage, ou bien de libérer de l'espace sur un disque dur externe servant au stockage des vidéos. Mais ce matin-là, c'est différent. Je me réveille en territoire inconnu (bon, c'est la Picardie, mais quand même), et j'ai pour mission de me rendre dans un nouveau pays et d'y trouver un toit pour la nuit. Dès le moment où je sors de chez ma sœur, je réalise que je fais un pas de géant hors de ma zone de confort,

« Je fais un pas de géant hors de ma zone de confort… »

hors de mes petites habitudes tranquilles de citadin ancré dans sa routine douillette.

Première difficulté : Aurélie n'habite pas en ville mais sur un campus situé en périphérie. Et, bien sûr, il n'y a pas de bus locaux pour rejoindre l'aéroport de chez elle. Je repère sur une carte une route assez importante et je m'y rends à pied, sous la pluie, avec mon petit sac Quechua sur le dos, en levant mon pouce dès que le son d'un moteur m'indique qu'une voiture approche.

Je n'attends pas plus de dix minutes avant qu'une grosse berline blanche, de type break familial, s'arrête à mon niveau. C'est un jeune couple. Je leur demande s'ils peuvent me rapprocher de l'aéroport, ils me font signe de grimper et, avec un frisson d'excitation, je m'installe à l'arrière à côté d'un siège auto vide. Ils me posent quelques questions sur ce que je fais, je leur indique que je pars pour Porto. Coïncidence : le gars est justement originaire de là-bas. D'ailleurs, un fanion du Portugal pend fièrement au rétroviseur intérieur. Je ne suis pas quelqu'un qui croit spécialement aux signes du destin, mais là, le clin d'œil est vraiment trop gros pour que je ne puisse pas le remarquer. Étrangement, je suis envahi par la certitude que les choses vont bien se passer. Que je suis sur le bon chemin. Et que si j'écoute mon cœur, mes envies, mes besoins, les bonnes personnes vont naturellement se retrouver sur ma route pour me guider. Ce genre de pensée est absolument nouveau pour moi qui suis pourtant très terre à terre, pas croyant pour un sou. Mais ce jour-là, je me découvre une sorte de foi. C'est peut-être ma façon de me rassurer car, sur la banquette arrière de cette voiture où je me fais trimballer par deux inconnus, je suis en train de faire le grand saut, de me jeter sans filet dans un mode de vie qui me terrorise autant qu'il m'attire. Croire en une bonne étoile, en un guide quelque part, me permet de garder confiance et de continuer à avancer sur le chemin que j'ai choisi.

Le conducteur et sa femme ont la gentillesse de me déposer directement devant le terminal de l'aéroport de Beauvais, faisant ainsi, sans me prévenir, un détour d'une dizaine de minutes sur leur trajet. Je suis profondément touché de cette générosité simple et désintéressée. Jusqu'à présent, j'ai toujours été confronté au «donnant-donnant», avec comme exemple le plus flagrant le concept du salariat : le temps contre de l'argent. Bien sûr je suis déjà tombé sur des gens adorables, qui rendaient service sans rien demander en retour, mais il s'agissait toujours de proches ou de connaissances à qui on peut, tout de même, s'attendre à devoir renvoyer l'ascenseur un jour, comme si la balance du service rendu était toujours dans l'attente du rééquilibre à venir. Là, ces inconnus qui prennent du temps pour moi, qui me déposent à mon point de chute en sachant pertinemment qu'ils ne me reverront jamais, me confortent sans le savoir dans mon besoin de fuir les relations artificielles du monde de l'entreprise pour les remplacer par des relations saines, fondées sur la générosité, la gentillesse, le désintéressement.

Je suis persuadé que nous pourrions tous être beaucoup plus heureux et épanouis dans notre vie d'adulte si nous arrivions à nous rapprocher davantage de nos rêves d'enfant. Quand le décalage devient trop grand entre nos attentes et la réalité, il se passe forcément un moment où tout finit par éclater en morceaux.

Un moment où il n'est plus possible de fermer les yeux, serrer les dents, et se dire « vivement vendredi soir » ou « merde c'est déjà lundi ». Un moment où l'envie de tout envoyer promener se fait tellement forte que ça en devient un besoin vital. Au risque, un beau matin, de se réveiller, acheter un sac à dos et un aller simple pour le Portugal, et s'enfuir. Bien sûr, ça ne marchera pas pour tout le monde. Il n'y a pas de recette miracle ou de chemin balisé vers le bonheur. Il revient à chacun de trouver au fond de lui sa propre voie.

> « Je suis persuadé que nous pourrions tous être beaucoup plus heureux et épanouis dans notre vie d'adulte si nous arrivions à nous rapprocher davantage de nos rêves d'enfant. »

Dans l'avion, je repense avec nostalgie à l'enfant que j'étais, qui passait des heures à faire tournoyer son globe terrestre en regardant le nom des pays inconnus. À ces profs qui me disaient que si je n'améliorais pas mes notes au deuxième trimestre, je finirais sur une voie de garage. À certains camarades de classe qui se moquaient de moi parce que je ne partais pas en vacances l'été.

Qu'est-ce qui a pu me motiver, fondamentalement, à prendre cette voie-là plutôt que de persévérer comme une bête de somme dans un boulot qui ne me plaisait plus ? Le besoin inconscient de prendre une revanche ? De prouver que je suis capable d'accomplir quelque chose de ma vie ? Probablement un peu. Mais je sais que ce besoin d'aventure a toujours été là, au fond de moi. Cette soif de découvrir le monde, cette curiosité de voir comment vivent les gens un peu plus loin. L'envie irrépressible de faire de nouvelles rencontres, de vivre des émotions fortes. De rendre chaque journée riche et unique, et de repousser chaque jour davantage mes propres limites.

Si j'avais une machine à remonter le temps, j'irai retrouver le petit Jérémy qui rêvait devant son globe avant de s'endormir. Et je lui dirai :

« T'inquiète pas, mon bonhomme, on ira bientôt voir tout ça de près, je te le promets ! »

PARTIE 2

De nomade à expatrié

CHAPITRE 12

« Plus rien ne me relie à ma vie d'avant »

Le soleil portugais m'enveloppe de sa douce chaleur automnale dès que je mets le pied sur le tarmac de l'aéroport. Quel contraste avec la grisaille matinale de Beauvais ! Je savoure ce bain de soleil en pleine semaine comme un interdit bravé, avec tout de même la pointe de culpabilité de ne pas être au travail comme un adulte sérieux et responsable.

Quand j'arrive à un petit point de vue aux abords de la vieille ville, je me pose et je cherche mon téléphone dans mon sac pour prévenir ma famille de mon arrivée. Malheureusement, impossible d'allumer mon vieux Samsung décrépit, la batterie est complètement à plat. Je suis embêté car je sais que mes parents peuvent vite s'inquiéter, mais une partie de moi est satisfaite. Pour aujourd'hui au moins, j'ai coupé les ponts intégralement. Plus rien ne me relie à ma vie d'avant. Je suis juste un type avec un sac à dos, vingt balles en poche et une destination à découvrir.

« Porto s'immisce en moi comme aucune autre ville jusqu'à présent. »

Porto s'immisce en moi comme aucune autre ville jusqu'à présent. Le fait d'être tout seul me rend beaucoup plus perméable aux ambiances, aux sons, aux odeurs. Quand on voyage à deux, on emmène toujours une petite bulle de son propre environnement avec soi. Ne serait-ce que par la langue que l'on utilise et que l'on entend dans la bouche de son compagnon de route. Là, je suis sans filtre, sans carapace protectrice. Il n'y a plus le moindre morceau de France avec moi, plus rien de familier ou de réconfortant pour faire écran avec la réalité qui m'entoure et en atténuer la portée.

« Là, je suis sans filtre, sans carapace protectrice. »

Je déambule dans les ruelles étroites et colorées de la vieille ville, descendant en zigzaguant vers le fleuve en contrebas. J'ai emporté le *Routard* du Portugal au cas où, mais je ne m'en sers pas. Je profite de ma liberté. À chaque croisement, j'emprunte le chemin qui m'inspire sans autre forme de réflexion. Je mémorise sans le vouloir la couleur des pavés, le visage d'un monsieur sur le pas de sa porte, un chat noir qui escalade le muret à mon approche.

Arrivé sur les rives du Douro, je pose mon sac sur un banc et je m'assois pour admirer la vue. De longues barques en bois glissent silencieusement sur le fleuve immobile, enjambé par le gigantesque pont Eiffel, l'un des symboles de Porto. L'étal d'un primeur me rappelle que je n'ai rien avalé depuis l'aube, il y a plusieurs heures de cela. J'entre dans la boutique ombragée. Une toute petite dame aux cheveux gris et au teint hâlé surgit de derrière son comptoir et se met à me parler très vite dans une langue chuintante à laquelle je ne comprends rien. L'espace d'un instant je me sens désarmé, puis je lui explique dans mon mauvais anglais que je ne parle pas le portugais mais que j'aimerais acheter quelques mandarines. À son tour de ne pas me comprendre. Je lui pointe du doigt les fruits qui m'intéressent, elle m'en sert une poignée et on continue notre petite communication à l'aide de gestes et de grands sourires. Avant de sortir, elle m'empoigne le bras comme pour me souhaiter bonne chance et ajoute quelques figues dans le sac avec un air complice.

Il n'y a pas si longtemps, je me faisais d'énormes montées de stress rien qu'en allant chercher du pain en bas de chez moi. Je suis aussi parti seul en voyage pour prendre confiance en moi et surmonter la timidité que je traîne depuis mon adolescence. Avoir su me débrouiller là, au Portugal, sans langue commune et sans l'aide de personne, me fait un bien fou au moral. Je ressors de sa boutique avec un grand sourire et l'envie de croquer le Portugal à pleines dents. C'était le premier défi de ma journée : trouver à manger. Le prochain sera de trouver où dormir.

Pour me loger, j'utilise le site Couchsurfing, une communauté d'entraide entre voyageurs qui proposent de s'héberger mutuellement sans autre contrepartie que de la bonne humeur, une pinte de bière et des discussions passionnantes. Je l'ai utilisé pour la première fois à Londres chez un couple de musiciens avec qui j'ai passé d'excellentes soirées, et depuis, c'est devenu ma norme : à chaque fois que je me rends quelque part, je cherche des hôtes disponibles pour m'héberger le temps d'une nuit ou deux. J'apprécie le concept autant parce qu'il me permet d'économiser le couchage en auberge de jeunesse que parce qu'il me fait rencontrer des locaux et transforme ce qui devrait être un banal séjour touristique en une immersion totale au cœur de la ville et de ses habitants. À chaque fois ou presque, mes hôtes m'emmènent dans les soirées où ils sont eux-mêmes invités, me font découvrir des lieux connus d'eux seuls, et plus généralement me donnent l'impression de squatter chez des potes plutôt que de dormir dans un hôtel ou une auberge impersonnelle.

Ce soir-là, à Porto, je dors chez Pedro, un prof de français qui me fait découvrir les *francesinhas*, une spécialité locale aux allures de croque-monsieur baignant dans des hectolitres de sauce tomate. À Coimbra, je loge dans une coloc' de Brésiliens en échange universitaire avec qui je fais la fête jusqu'au bout de la nuit. À Chaves, je suis hébergé par Andreia et ses deux amies qui m'emmènent visiter des sources d'eau ferrugineuse. Mon rythme est trépidant, mais c'est ce que je voulais : dans la journée, je visite les villes où je me trouve, et le soir, je fais la fête avec mes hôtes. Mes préoccupations se résument à deux choses : trouver à manger et avoir un toit sur ma tête pour dormir. Le reste, c'est de l'improvisation complète. J'ai l'impression de m'être débarrassé de tout le superflu dans ma vie, de m'être libéré des chaînes et des boulets que je traînais à mes pieds sans même m'en rendre compte et d'être revenu à l'essentiel, à la base de la pyramide des besoins. Plus de questions futiles ou existentielles. Plus de projets à long terme. J'avise au jour le jour, heure par heure, en aveugle complet,

« Ce dénuement m'ancre dans l'instant présent à 200 %. J'éprouve un puissant sentiment de liberté. »

Le port de Cherbourg, dans le Cotentin, 2010.

Devant la chaîne des Annapurna, Népal, Pokhara, 2011.

Népal, Katmandou, 2011 : (en haut) fête religieuse ;
(en bas) au cœur de la ville.

Marché de Katmandou, Népal, 2011.

Aux alentours de Pokhara, Népal, 2011.

L'archipel de Göteborg, Suède, 2012.

Les canaux du centre de Göteborg, Suède, 2012.

À gauche : le palais de l'Alhambra, Grenade, Espagne, 2012.
Ci-dessous : Grenade, Espagne, 2012.

La Plaza de España au petit matin, Séville, Espagne, 2014.

Sur l'île paradisiaque de Koh Phi Phi, Thaïlande, 2014.

L'île de Koh Samui, Thaïlande, 2014.

Les environs de Battambang, Cambodge, 2014.

Dans les Cameron Highlands, Malaisie, 2014.

Le palais royal de Phnom Penh, Cambodge, 2014.

Les Petronas Towers de Kuala Lumpur, Malaisie, 2014.

Le Preikestolen dominant le Lysefjord, Norvège, 2015.

presque de manière animale. Marcher, manger, dormir. J'adore ça : pas de responsabilités, pas de contraintes, pas de pression. Ce dénuement m'ancre dans l'instant présent à 200 %. J'éprouve un puissant sentiment de liberté. Chaque jour, je savoure le fait de passer mes journées à flâner sous le soleil plutôt qu'enfermé dans mon ancien bureau, qui me paraît déjà remonter à des siècles.

> « C'est de l'improvisation complète. »

Dans le dortoir d'une auberge bon marché, je fais la connaissance de deux Serbes à la quarantaine bien tassée. Je ne mémorise pas leurs prénoms, appelons-les Pierre et Martin. Ça ne sonne pas très serbe, je sais, vous me pardonnerez. Les deux types sont des armoires à glace, aux visages durs, marqués par l'âge comme par les coups de la vie. Ça ne les empêche pas de sourire en permanence. À l'évocation de leur pays d'origine, des flashs du conflit des Balkans me viennent à l'esprit.

> « J'avise au jour le jour, heure par heure, en aveugle complet... »

« Ces types ont connu la guerre », me dis-je en réprimant un frisson.

Pierre a les cheveux coupés ras et dirige une clinique d'implants capillaires. Devant ma calvitie précoce, il me tend sa carte de visite.

« Si jamais tu veux passer à Belgrade, je te fais un prix d'ami », plaisante-t-il.

Martin fait aussi un métier qui m'intéresse, mais dans un domaine qui n'a rien à voir avec la perte de cheveux. Il est journaliste spécialisé dans les voyages.

Son job, c'est de parcourir l'Europe et écrire des textes qu'il vend aux magazines de son pays. J'ai du mal à croire qu'un tel boulot puisse exister. Devant mon incrédulité, il farfouille dans son sac et en sort un magazine couvert d'écriture cyrillique. Il tourne rapidement quelques pages et me le tend.

« Regarde ! »

Il pointe du doigt un petit encadré en bas de l'article. J'y vois sa tête, en plus jeune et mieux coiffé, avec ce que j'imagine être son nom et son prénom.

« Génial ! dis-je, admiratif.

– Comme toi aussi tu es journaliste, pourquoi tu ne finances pas tes voyages en écrivant sur les lieux où tu te rends ? »

Sa question reste en suspens dans mes pensées. Je n'ai jamais envisagé la chose, je n'imaginais même pas cela possible.

Il enchaîne sans me laisser le temps d'approfondir ma réflexion.

« On va en boîte ce soir, tu viens avec nous ? »

Alors que je m'envoie mon troisième shot de vodka-caramel et que je regarde ce grand gaillard débraillé, chaleureux et généreux, se déhancher sur la piste de danse pour séduire cette petite Polonaise de quinze ans sa cadette, je suis à mille lieues d'imaginer que quelques années plus tard, je ferai pratiquement le même boulot que lui. En attendant, il met le doigt sur un point important : financer mes voyages. Car je dépense beaucoup plus que prévu.

J'espérais faire durer mon périple le plus longtemps possible en ne dépensant rien en hébergement, très peu en déplacement et le moins possible en nourriture, mais si je veux tenir au moins un an, il va falloir que je redevienne raisonnable et que je resserre le cordon de la bourse, ou que je trouve un moyen de gagner ma vie.

CHAPITRE 13

« Ma tête est encore en voyage »

Quelques semaines avant de partir, j'ai fait la connaissance d'une jolie petite blonde prénommée Charlène. C'est une jeune femme qui pétille en permanence, qui fourmille d'idées et qui gère tout le temps un tas de projets en même temps. Je l'apprécie aussi pour son élégance, son raffinement. Elle passe énormément de temps à choisir ses tenues, assortir les couleurs, les tissus. Je sais que l'une des choses qui lui ont plu chez moi, c'est mon statut de journaliste. Elle m'a même confessé, un matin, m'avoir dérobé une de mes cartes de visite qui traînait dans mon appartement, comme un trophée.

Elle étudie la communication à Lille, mais je l'ai rencontrée dans ma ville natale, en Normandie, pendant ses longues vacances estivales. Ce n'était pas vraiment la bonne période pour commencer une histoire, mais on décide rarement du moment où ce genre de truc nous tombe dessus. Sans faire de plan sur la comète, je lui ai promis de lui rendre visite dans la grisaille du Nord quand je me serai lassé du ciel bleu portugais, et on a continué à se fréquenter régulièrement jusqu'à mon départ.

À mon retour du Portugal, nos retrouvailles sont joyeuses : du vin, des bougies, un repas qu'elle me prépare avec attention. Mais dès nos premiers échanges, je sens qu'un décalage s'est créé. Ma tête est encore en voyage et je cogite déjà sur les prochaines destinations où je pourrais me rendre. Elle est revenue dans sa routine, ses études, son environnement habituel. Il ne s'est pas passé plus d'un mois depuis notre dernière entrevue, mais l'insouciance de notre amourette estivale me paraît déjà loin.

Le coup de grâce arrive le lendemain. Elle a prévu de me présenter à ses amis à l'occasion des festivités du jeudi soir. J'ai toujours eu du mal avec ce genre de situation où on est dans l'obligation de montrer son meilleur visage pour se faire valider par des personnes que l'on ne choisit pas, que ce soient des collègues de travail, une belle-famille, ou les amis de longue date de sa copine. Et là, comme je veux marquer des points auprès de Charlène, je me mets une pression supplémentaire pour faire bonne impression.

La soirée se tient chez une de ses camarades de promotion, dans un bel appartement du centre-ville, deux fois plus vaste que celui que je pouvais m'offrir quand j'étais salarié. Il y a un monde de dingue là-dedans. Ça sent l'alcool et la cigarette, et les baffles à plein volume couvrent les conversations. Après plusieurs semaines passées dans ma tête, seul avec moi-même la plupart du temps, je prends cette foule survitaminée comme un coup de poing. Je ne mémorise aucun des prénoms que Charlène me balance à la volée, en pointant du doigt les uns et les autres, accompagné d'un rapide descriptif du genre « Tu sais, c'est avec elle que je fais l'exposé en sciences politiques. »

Très vite, on remarque l'intrus que je suis et je deviens la curiosité de la soirée. « C'est le nouveau copain de Charlène ! » Un petit groupe se forme autour de moi et on m'assaille d'un tas de questions sur qui je suis et ce que je fais dans la vie. Je n'ai pas la moindre idée de la réponse à donner. Ce que je fais dans la vie ? Alors, je ne suis plus journaliste, ça, c'est certain. Je ne suis pas vraiment voyageur, puisque pour le moment je suis en France, à Lille, et question exotisme on a déjà fait mieux. Techniquement, je suis au chômage, sans domicile fixe et sans projet professionnel concret, même si depuis mon séjour au Portugal, j'ai bien compris qu'il me fallait trouver un moyen de gagner ma vie sérieusement. Au fur et à mesure que ses amis viennent avec le sourire faire ma connaissance, Charlène se dissout dans la gêne de me voir embourbé dans l'incapacité à me présenter d'une manière qui me valorise, donc qui la valorise aussi par résonance. Je ressens son embarras. Il est loin, le temps où elle pouvait dire « mon copain est journaliste ». Je me mets encore plus la pression pour me sortir du bourbier, je bafouille des explications inintelligibles, et ça ne fait qu'empirer les choses. Faire bonne impression aux potes de ma copine ? Échec complet.

Pour la première fois depuis que j'ai changé de vie, je suis confronté au regard des autres, et je me rends compte que leur jugement m'affecte énormément. Les gens jugent, rangent dans des cases, collent des étiquettes. Tous, tout le temps, et moi le premier. C'est comme ça, c'est dans la nature de l'être humain. Alors peu importe si je décide de m'enlever la mienne, cela n'empêchera jamais les autres de m'en coller une sur le front à la première occasion. À partir de là, j'ai deux options : lutter contre, ce qui revient à vouloir vider l'océan à la petite cuillère, ou bien lâcher prise et l'accepter. C'est essentiel, je crois, pour réussir à se protéger, mais c'est le plus difficile, surtout quand on a une personnalité sensible, comme c'est mon cas.

> « Pour la première fois depuis que j'ai changé de vie, je suis confronté au regard des autres... »

On ne se reverra qu'une fois, avec Charlène, pendant les fêtes de Noël, à la fin de l'année 2011, pour mettre un terme à cet embryon de romance. Cette histoire aura au moins eu le mérite de me faire comprendre que si je veux faire une bonne impression et être perçu de manière positive, il me faut réapprendre à me présenter correctement, comme à l'époque où je bossais comme journaliste et que tout le monde comprenait, en trois phrases, à quoi pouvait ressembler ma vie. Je dois apprendre à m'affubler d'une casquette ou d'une autre en fonction des circonstances, des rencontres, de ce que le contexte exige, afin de choisir moi-même la case dans laquelle on me rangera.

Plus tard, je jonglerai entre les étiquettes de voyageur, consultant, chef d'entreprise, blogueur, ou encore « digital nomade ». Mais sur le moment, je n'arrive pas à redéfinir exactement ce que je suis, où j'en suis, et ce que je vais faire concrètement de ma vie.

CHAPITRE 14

« Comment je pourrai être heureux et à quoi je veux que mes journées ressemblent »

Comme j'ai été licencié économique, je bénéficie d'un suivi personnalisé par Pôle Emploi, et j'ai une série de rendez-vous qui m'attendent. Dans le train qui me ramène à Cherbourg, je suis noyé dans mes réflexions. Je veux qu'on me laisse le plus tranquille possible. Éviter à tout prix que l'on m'envoie à longueur de journée participer à des ateliers pour apprendre à faire son CV, ou ce genre de trucs faits pour brasser de l'air et donner l'illusion que l'on s'occupe des demandeurs d'emploi. Je dois préparer un dossier en béton pour montrer à l'agent qui s'occupe de moi que je suis autonome, capable de faire mes propres recherches, et que je n'ai pas besoin que l'on me chaperonne.

J'ouvre un document texte vierge sur le petit ordinateur portable que j'ai emporté en voyage, et j'écris le titre : « Mon projet professionnel ». J'ai l'impression d'être revenu au lycée, pendant mon année de seconde, avec les heures dédiées au « PPP » – « Projet Personnel et

Professionnel» –, qui servaient dans le meilleur des cas d'heures pour faire nos devoirs, et qui se terminaient dans le pire des cas en bordel généralisé avec le prof qui réclamait le carnet de correspondance de tout le monde. Quoi qu'il en soit, on passait plus de temps à se marrer avec les copains qu'à réfléchir vraiment à notre avenir.

Je reste longtemps les yeux rivés sur mon écran, les doigts en suspens au-dessus du clavier, dans l'attente d'un ordre mental pour commencer à écrire quelque chose qui satisfasse ma conseillère Pôle Emploi. Mais rien ne vient. La page blanche. Je regarde autour de moi. On est lundi, en début d'après-midi, et le wagon est pratiquement vide. Un couple de retraités absorbés dans la lecture de magazines, quelques étudiants somnolents, et sur les places de quatre, deux quinquagénaires à l'air appliqué, la bedaine habituée aux déjeuners d'affaires, qui s'activent sur des tableurs Excel. Je me demande dans quelle mesure ils ont choisi de se retrouver là, dans ce train Corail défraîchi et branlant, à bosser sur des statistiques de vente ou je ne sais quoi. Je m'imagine un instant à leur place et ma réaction est épidermique : hors de question que je revive la corvée de supporter des collègues, des patrons, des horaires, des costards, des réunions d'autocongratulation. C'est le petit déclic qui me fallait : et si je commençais par poser sur le papier les choses dont je ne veux plus ?

Je note : «Je ne veux plus d'horaires fixes, plus de patron ou de supérieur hiérarchique.»

OK, je l'admets : pour faire bonne impression à Pôle Emploi, ce n'est pas l'idéal.

Faisons l'inverse alors : qu'est-ce que je veux pour mon avenir ?

Là, c'est beaucoup plus simple.

Je veux continuer de voyager.

Je veux parler des langues étrangères.

Je veux rencontrer un maximum de gens.

Je veux profiter de la vie.

Très bien Jérémy, avec ça, tu vas passer pour un hippie mais certainement pas donner l'illusion que tu es autonome dans tes recherches d'emploi.

Et puis je pige un truc. La plupart des gens ne choisissent pas leur vie dans sa globalité, ils choisissent un métier. Et le reste découle de ce métier. Leur lieu d'habitation doit se trouver à proximité de leur travail, leur rythme de vie et leurs loisirs doivent s'adapter à leurs horaires, leurs vacances dépendent des jours de congé qu'ils peuvent poser, etc. Tout découle du métier, tout lui est subordonné. Même les fréquentations, qui sont souvent issues des années étudiantes ou des collègues avec qui on sympathise.

Or mettre le travail au centre de ma vie et arranger le reste autour, j'ai déjà testé deux fois et j'ai bien compris que ce n'est pas fait pour moi. Pour avoir une chance de m'épanouir, je dois écouter ma petite voix intérieure et me dessiner une vie qui me plaît dans son ensemble. Pas juste « retrouver du travail ». Ce que je veux, c'est choisir mon rythme de vie, choisir mon lieu d'habitation avec l'option d'en changer en permanence, et choisir mes fréquentations. C'est pouvoir faire la fête un lundi soir et la grasse matinée un mercredi matin.

« Ce que je veux, c'est choisir mon rythme de vie, choisir mon lieu d'habitation avec l'option d'en changer en permanence. »

Bosser comme un dingue le dimanche et prendre mon week-end le jeudi. Simplement écouter mes envies et les suivre sans contrainte, en faisant en sorte que mon métier s'adapte à mes choix de vie, et pas l'inverse.

Donc je retourne le problème. Au lieu de partir de la question : « Qu'est-ce que je veux faire comme métier ? » que l'on m'a répétée pendant l'intégralité de ma scolarité, je pars du point opposé et je me demande : « Comment est-ce que je pourrais être heureux et à quoi je veux que mes journées ressemblent ? » Et je verrai bien, une fois mes journées idéales dessinées, comment je pourrai y intégrer un projet professionnel.

Je pose sur le papier tout ce qui est important pour moi. Je note mes valeurs, mes principes fondamentaux. Je me crée des filtres, des critères indispensables. Et, très vite, je me heurte à l'équation cruciale. Je veux que mon travail me permette d'être cent pour cent mobile afin de pouvoir aller où je veux quand je veux. Mais comment travailler et voyager en même temps ? Devenir steward pour une compagnie aérienne ? Je serai bloqué par les contraintes du salariat. Joueur de poker pro et faire des tournois aux quatre coins du monde ? Faudrait déjà que je sache jouer, et ça me paraît assez précaire comme situation quand on est novice. Alors quoi ?

Les paysages défilent, nourrissant mes réflexions. Et puis mon regard tombe à nouveau sur les deux gars qui bossent sur leur ordinateur. L'un d'eux est en train d'écrire un mail. Dans le train. Tilt ! Travailler sur internet ! C'est ça, ma solution ! Ça doit paraître

« Travailler sur internet ! C'est ça, ma solution ! »

évident aujourd'hui, à l'heure du télétravail, où le mode de vie « digital nomade » est presque devenu une norme, mais fin 2011, c'est encore loin d'être le cas. J'ai envie de sauter de joie : je sais que j'ai débloqué un élément important, primordial même, pour mon futur. Je vais voyager avec mon ordinateur et travailler par internet. Je savoure quelques instants, et puis je redescends sur Terre.

« OK, attends, tu t'emballes un peu mon garçon. Tu vas faire quoi comme boulot exactement ? Parce que "travailler sur internet", ça veut tout et rien dire à la fois. »

Je passe rapidement en revue mes compétences et j'en conclus que je devrais pouvoir facilement utiliser mes connaissances en communication pour faire du consulting à distance, comme free-lance. Ce n'est pas le job le plus excitant du monde, mais il me permettra de remplir le frigo – façon de parler – et de continuer à vadrouiller. Si je me débrouille bien, un ou deux contrats suffiront pour gagner de quoi vivre plusieurs mois dans des pays pas chers. Je retourne l'idée dans tous les sens, essayant d'y voir une faille, un défaut, un truc qui m'empêcherait sa réalisation, mais je crois que cette fois-ci, je tiens le bon bout. L'excitation est à son comble. Porté par cet élan d'enthousiasme, je me mets à remplir méticuleusement mon dossier pour Pôle Emploi. Cette fois, je sais quoi écrire. Je vais me lancer à mon compte : conseiller en communication free-lance.

Comment travailler en voyageant tout le temps ?

Malgré mes difficultés à trouver une solution sur le moment, il est en réalité assez simple de concilier le voyage et le travail.

L'idéal, c'est de pouvoir travailler de manière dématérialisée, avec un ordi et une connexion internet, et ainsi se couper de toute attache géographique au niveau professionnel. Ça peut se faire en étant salarié, au service d'une entreprise qui autorise le télétravail (c'est devenu fréquent, désormais), ou bien en étant à son compte et en gérant l'intégralité de son activité à distance, comme je vais le faire. De nombreux corps de métiers permettent ça : traducteur, assistant marketing, rédacteur web, programmeur, chef de projet, graphiste, prof, comptable, et j'en passe. Tant que vous exercez votre métier avec un ordinateur et que vous pouvez gérer les relations humaines par écran interposé, c'est faisable.

L'un des avantages du travail à distance, c'est de conserver des revenus français tout en pouvant voyager dans des lieux où le coût de la vie est faible, et s'offrir ainsi un train de vie vraiment agréable. Par exemple, avec mille euros par mois, vous aurez une qualité de vie bien supérieure en voyageant en Thaïlande qu'en Norvège. Et la réciproque fonctionne aussi : en voyageant dans des pays à bas coût, vous n'avez pas besoin de travailler autant pour gagner la somme équivalant au même train de vie, ce qui laisse davantage de temps pour profiter des lieux traversés.

Si vous ne pouvez pas bosser à distance, vous pouvez tout simplement voyager de pays en pays en faisant des petits boulots, et en restant quelques mois sur place à chaque fois. Il faut bien avoir en tête que, à quelques rares exceptions près, chaque métier est praticable partout dans le monde : il y a besoin d'électriciens, de profs de guitare, de boulangers, d'ingénieurs ou d'architectes aussi bien à Paris qu'à Buenos Aires ou à Melbourne. Une fois le visa de travail en poche, la seule vraie contrainte est que vous ne pourrez pas changer de pays tous les trois jours. Mais cette position de semi-expat' est le plan parfait pour alterner les plaisirs : six mois dans un pays à bosser en découvrant la culture et en mettant des sous de côté, puis six mois à voyager, et ainsi de suite.

Le lendemain matin, à la première heure, me voilà devant le bâtiment de Pôle Emploi où j'ai rendez-vous. Avec son architecture moderne et ses grandes baies vitrées, on se croirait plus dans un cabinet d'avocats de luxe que dans l'antre des demandeurs d'emploi. J'attends patiemment sur un siège inconfortable que l'on m'appelle pour l'entrevue. Et puis une porte s'ouvre et une petite dame rondelette m'invite à entrer dans son bureau. La pièce est sobre, presque triste, sans plante verte ni cadre au mur pour l'égayer. Après l'échange des politesses d'usage, je lui tends mon dossier d'une dizaine de pages. À sa réaction, je comprends tout de suite que ce n'est pas une chose qui arrive souvent. Visiblement, elle n'a pas l'habitude, non plus, d'avoir en face d'elle quelqu'un qui a l'air content de son sort. J'imagine que parmi les gens qui défilent dans son bureau, beaucoup sont désespérés et attendent un nouveau travail comme un miracle de la part de Pôle Emploi. Elle feuillette mon document, semblant approuver parfois d'un hochement de tête. Je suis étonné qu'elle n'essaie pas de me dissuader de mon projet qui est, il faut quand même être honnête, assez peu solide. Je n'ai pas de client en ligne de mire, et le fait de voyager ne joue clairement pas en ma faveur pour développer une clientèle locale. N'importe quel banquier sain d'esprit m'aurait tout de suite refusé un financement si j'avais eu l'idée de me lancer sérieusement dans cette entreprise. Mais ce n'est pas ma préoccupation du moment : je veux juste me débarrasser de Pôle Emploi et repartir à l'étranger dès que possible. De toute façon, je pense que son objectif à elle n'est pas de savoir si ma future boîte va marcher ou pas, mais surtout de me faire sortir au plus vite des statistiques du chômage. Quand je serai autoentrepreneur, je ne serai plus demandeur d'emploi, et le gouvernement pourra annoncer fièrement une amélioration de la situation. Ce que devient l'humain après, peu importe, tant que les chiffres baissent. Finalement, ça m'arrange : je n'ai pas à déballer mes meilleurs arguments pour la convaincre que mon projet tient la route. Mieux : elle me propose aussitôt de se faire le relais de mes démarches administratives. Je remplis donc la paperasse dans son bureau et, quelques rendez-vous plus tard, me voilà à nouveau avec une étiquette qui ne fera plus fuir mes petites amies : je suis officiellement chef d'entreprise. Un statut qui me fait bizarre, d'ailleurs : depuis tout petit, j'entends mes parents soutenir les ouvriers dans leur lutte contre le grand patronat, et voilà que je deviens l'un d'entre eux. Bon, gardons mesure : je ne suis pas coté au CAC40 et je n'ai pas encore d'usine à délocaliser en Pologne, mais j'ai tout de même l'impression d'avoir trahi les miens et d'être passé dans le camp ennemi.

Monter sa boîte, mode d'emploi

Quand on est issu d'un milieu dont l'entrepreneuriat ne fait pas partie, devenir son propre patron peut paraître extrêmement impressionnant et particulièrement risqué. Pourtant, chaque jour, on croise des gens normaux qui ont lancé leur activité. Le boulanger chez qui on achète sa baguette, le cafetier du coin de la rue ou le plombier qui vient réparer la fuite dans la salle de bains. Tous, à un moment, se sont posé la question de se mettre à leur compte et ont décidé de franchir le pas.

Si vous cherchez à monter votre boîte, pas besoin d'une idée révolutionnaire : l'important, c'est que votre futur projet respecte les critères qui vous permettront de vivre la vie dont vous rêvez. Et ces critères, c'est à vous de les définir. Ça peut être simplement de ne plus avoir de patron ni de collègues, de maîtriser votre rythme de vie, de choisir les projets sur lesquels vous souhaitez bosser, ou bien de pouvoir voyager tout en travaillant grâce à un ordi portable et une connexion wifi.

Si votre projet marche, alors banco. Et si ça ne fonctionne pas, vous pourrez toujours vous tourner vers une solution de repli en attendant de rebondir. Quoi qu'il arrive, ce sera une belle aventure.

C'est le sourire aux lèvres que je sors de mon dernier rendez-vous Pôle Emploi. J'ai atteint mes objectifs qui étaient de me libérer des contraintes des rendez-vous, me trouver un projet professionnel autre que m'actualiser tous les mois et pouvoir continuer à voyager sans contrainte. Aussi, je ne voulais pas recevoir les allocations plus longtemps. Car pour être bien dans ma peau et pouvoir me regarder dans un miroir le matin, j'ai besoin d'être cohérent et intègre vis-à-vis de ma démarche. J'ai touché le chômage pendant quatre mois, ce qui m'a permis de prendre du recul, de définir un nouveau projet et de retomber sur mes pattes, mais désormais ça suffit. La liberté marche dans les deux sens : je ne peux pas vouloir être un électron libre, loin du système, du triptyque infernal « métro-boulot-dodo », mais dépendre financièrement dudit système. Il est désormais temps d'assumer mes choix de vie et de prendre mon destin financier en main. Cette fois, sans filet de sécurité.

Quelques jours plus tard, alors qu'un froid hivernal s'installe en Normandie, je prends ma première grande décision en tant que chef d'entreprise : m'envoler pour l'Irlande.

CHAPITRE 15

« Sans argent, on ne va pas bien loin »

Il fait froid et sombre dans l'appartement de ma mère, au premier étage d'une petite résidence HLM en banlieue de Cherbourg. Il pleut sans discontinuer depuis des semaines et mon soleil portugais me semble remonter à des siècles. Je n'ai donné de nouvelles à personne car j'ai honte de ne pas être à l'autre bout du monde comme je l'espérais. Je n'ai toujours pas le moindre client, et mon voyage en Irlande, pourtant court, m'a coûté une somme non négligeable à mes yeux. Le moindre ticket de bus, la moindre pinte de bière dans un pub revenait à taper dans de l'argent que je n'avais pas, puisque mon activité ne générait pas le moindre revenu. Et je fais un blocage psychologique avec le fait de dépenser plus que ce que je gagne : je sais qu'à ce rythme-là, mes maigres économies risquent de fondre en quelques mois et je devrai retrouver un boulot de salarié avant l'été. Ce qui n'était pas vraiment le plan initial, vous en conviendrez.

Alors au début de l'année 2012, je prends une décision importante : je remets le travail au centre de mes préoccupations. Pas de voyage tant que je ne décroche pas un premier contrat sérieux. C'est un vrai sacrifice, car en créant officiellement ma boîte, quelques semaines plus tôt, j'avais dans l'idée de repartir rapidement à l'étranger sans pression ni contrainte. Finalement, la réalité m'a rattrapé : sans argent, on ne va pas bien loin. Ou alors il faut être prêt à voyager d'une certaine façon : faire du stop pour limiter les coûts de déplacement, faire du couchsurfing tous les soirs pour ne pas payer d'hébergement, manger des pâtes à tous les repas et ne jamais sortir pour ne pas se ruiner en dépenses superflues. Autant j'apprécie, je recherche même, le défi de voyager en dépensant le moins possible, autant j'ai quand même envie, parfois, de pouvoir me faire plaisir et accompagner les gens rencontrés dans des activités qui coûtent un peu de sous, comme visiter un musée ou se poser en terrasse pour boire un verre. Mais je me connais, je sais que je ne prendrai pas de plaisir dans les voyages tant que ces deux angoisses, celle de manquer au quotidien et celle de devoir retourner dans le salariat, seront là. Alors ma solution est simple, sur le papier en tout cas : trouver des clients, gagner un peu d'argent, et repartir dès que je compenserai mes dépenses par les revenus de mon activité.

Gagner sa vie : comment sortir du modèle classique ?

On nous a tellement ancré dans la tête que pour gagner sa vie, il faut travailler du matin au soir, et que les seules options sont le salariat ou éventuellement le travail en indépendant, que l'on en a oublié les vraies données de l'équation : la seule chose vraiment obligatoire, c'est trouver un moyen de subvenir à ses dépenses quotidiennes. C'est tout. Et à ce titre, il existe deux façons de gagner sa vie auxquelles on ne pense pas souvent, mais qui méritent que l'on s'y attarde. Elles partagent ce même critère : dissocier le temps passé à travailler de la rémunération perçue. Avec pour conséquence d'une part d'augmenter potentiellement ses revenus de manière bien supérieure aux façons classiques de gagner sa vie, et d'autre part de se libérer du temps pour des activités plus agréables que le travail.

La première idée consiste à vendre un produit unique à un nombre démultipliable de clients. C'est le cas d'un chanteur, par exemple, qui enregistre son disque une seule fois et qui peut vendre dix exemplaires comme dix mille, sans travailler une minute de plus, et dont les revenus seront indexés sur cette même échelle. Dans le même esprit, on retrouve les Youtubeurs et autres créateurs de contenu, qui, une fois leurs vidéos en ligne, peuvent gagner dix centimes comme mille euros selon le nombre de vues, sans le moindre travail supplémentaire.

La seconde idée, c'est la grande famille des revenus dits « passifs » ou « semi-passifs », comme l'immobilier ou la Bourse, dont les sommes gagnées sont également entièrement décorrélées du temps travaillé. Concrètement, si vous possédez un appartement et que vous le mettez en location, vous toucherez des revenus (*via* les loyers perçus) sans avoir à travailler de manière directe. Si vous faites en sorte que le montant perçu mensuellement soit supérieur aux frais (crédit, etc.), alors vous vous êtes créé une façon de gagner votre vie de manière passive ou presque. L'inconvénient majeur, c'est qu'il faut généralement un certain capital pour pouvoir démarrer. Mais si vous y parvenez, vous avez là une des meilleures façons de financer votre vie de voyage ou d'expatriation.

Bref, quand on change de vie, je trouve qu'il est intéressant de prendre de la hauteur et, plutôt que simplement rechercher un travail, essayer de trouver une façon de percevoir des revenus liés à ses compétences, ses capacités et ses envies. Soit en vendant son temps (salarié), soit en vendant un résultat (indépendant), soit en démultipliant les clients d'un produit unique (créateur de contenu au sens large), soit, enfin, de manière passive ou semi-passive (*via* l'investissement). Ou un peu de tout ça en même temps.

Je m'aménage un bureau dans l'ancienne chambre de ma sœur, et pour me motiver, j'accroche sur le mur devant moi une feuille A4 avec écrit en gros « objectif 500 euros ». La somme visée peut sembler basse, mais je n'ai pas besoin de plus pour le moment. Ça me suffira pour voyager dans des pays où le coût de la vie est faible et où cinq cents euros représentent déjà un salaire presque normal. Aussi, je ne me l'avoue pas, mais j'ai peur de viser plus haut et d'être déçu si je n'atteins pas cet objectif. En dehors du salariat, je n'ai jamais gagné le moindre centime par moi-même, pas même quand j'étais petit et que l'école nous envoyait vendre des billets de tombola en porte-à-porte. Alors gagner ma vie tout seul, sans un patron pour ramener des contrats et me dire quoi faire, ça me paraît aussi impossible que gravir l'Everest sans entraînement ou traverser la Manche à la nage. Pourtant, chaque matin, j'allume mon ordinateur et je me mets au travail. J'apprends les bases du développement web pour me créer un site internet, je travaille mon référencement pour que l'on me trouve sur Google et je m'improvise commercial en démarchant mes premiers clients. Rapidement, je trouve un rythme et je découvre le plaisir gratifiant de bosser sur mon propre projet.

« Rapidement, je trouve un rythme et je découvre le plaisir gratifiant de bosser sur mon propre projet. »

Les semaines qui suivent, je prends deux coups de poing dans l'estomac. Deux start-up, une établie et une qui se crée, me font plancher sur leur stratégie de communication mais disparaissent dans la nature sans m'avoir versé le moindre centime malgré mes relances. C'est l'ascenseur émotionnel : d'abord la joie d'avoir enfin décroché quelque chose de sérieux dans mon domaine, et puis la douche froide en me rendant compte que j'ai bossé dans le vent. On me conseille de les poursuivre en justice, mais je préfère lâcher l'affaire : je n'ai pas la moindre idée de comment mener un combat juridique, absolument pas les moyens d'y faire face, et encore moins l'envie de me lancer dans des procédures prises de tête pouvant durer des années. Sans regret, je tourne la page, en me promettant de ne plus bosser pour quiconque tant que je n'aurai pas de solides garanties d'être payé.

Pendant cette traversée du désert, je m'accroche à deux choses : mes rêves de voyage et mes soirées jeux vidéo chez mon meilleur ami Jean, avec qui on prend systématiquement soin d'éviter les sujets lourds. On traverse l'un et l'autre des périodes difficiles, mais pas besoin d'en parler, on se crée une bulle hors du monde, à se marrer comme deux ados sur leur console, pour décompresser et oublier la réalité de nos vies d'adultes. Ces parenthèses me font un bien fou. Elles me permettent de tenir le coup, de m'accrocher à mes objectifs et d'éviter de laisser pénétrer en moi l'idée que j'ai fait la pire connerie de ma vie en me lançant dans cette aventure insensée.

Après deux mois à bosser avec acharnement, je décroche enfin un petit contrat. Je dois écrire des descriptifs commerciaux pour un site de vente spécialisé en plomberie, pose de rideaux de douche et autres sujets passionnants. Au moment de recevoir le paiement du client, je saute de joie : c'est la première fois que je suis rémunéré directement pour mon travail, et la satisfaction est mille fois plus intense que lors de la réception du chèque de fin de mois de mon époque salariée. Je prends ainsi conscience de la valeur réelle de mon travail.

Quand j'étais envoyé sur des tournages pour la société de production audiovisuelle, celle-ci facturait des sommes à quatre chiffres pour ce qui me prenait trois jours de boulot à réaliser. Je faisais le calcul et je réalisais qu'à la fin du mois, j'avais permis à la boîte d'empocher des sommes allant jusqu'à dix fois mon propre salaire. Mais dans une entreprise, que ce soit l'employé A ou l'employé B qui effectue la tâche demandée, cela importe peu au client final qui veut juste obtenir un résultat. Le salarié n'est que la petite main remplaçable à volonté. Avec ma propre activité, je sais que c'est moi qui apporte de la valeur. Ce sont mon savoir et mes compétences qui sont rémunérés. C'est en moi, et moi seul, que le client place sa confiance. Et contrairement au salariat où, que je glande toute la journée ou que je me démène pour mon patron je toucherai toujours la même somme à la fin du mois, là, en tant qu'indépendant, je vois directement le résultat de mes efforts. Cependant, il y a un prix à payer : les périodes de vache maigre, sans contrats, avec l'angoisse de ne pas voir le moindre centime tomber sur mon compte en banque. Mais quand ça marche, quelle joie.

Ces premiers gains me donnent un coup de boost au moral et me permettent de recommencer à croire en mon projet, mais c'est au début du printemps que les choses se décantent sérieusement, avec plusieurs petits contrats qui se valident, me laissant entrevoir l'avenir un peu plus sereinement. Pour me récompenser des efforts fournis, je m'offre une escapade de trois jours en Espagne, à boire de la sangria et m'enfiler des *patatas bravas*, et je rentre rapidement me replonger dans le boulot. Même si j'ai atteint mon objectif de cinq cents euros sur un mois, je suis bien loin de gagner ne serait-ce que le Smic français et je suis toujours sur le fil du rasoir.

Vu la précarité de ma situation, j'ai deux alternatives. La première, c'est de profiter de ne pas payer de loyer chez ma mère pour continuer à développer mon entreprise tranquillement, sans pression, pendant encore quelques mois. Le problème, c'est que si ça ne marche pas, je devrai retourner dans le salariat sans avoir vraiment vécu mon rêve de voyage au long cours.

L'autre option, celle qui me titille de plus en plus, c'est de profiter d'avoir enfin quelques revenus pour tenter l'aventure. Au pire, si mon activité ne décolle pas davantage, j'utiliserai mes économies pour passer trois mois à voyager avant de rentrer définitivement au bercail à la recherche d'un emploi. Cette seconde option m'offre la possibilité, au moins, de vivre un beau baroud d'honneur, de me lancer dans l'expérience la plus enrichissante de ma vie. Et d'accomplir ce pour quoi j'ai tout quitté quelques mois plus tôt.

Il ne m'en faut pas plus pour me décider. Sur un coup de tête, j'achète mon billet pour la Suède, le pays de mes rêves d'ado passionné par la culture scandinave, l'histoire viking et la musique metal dont le pays est un grand exportateur. Quitte à ce que ce soit mon dernier voyage, autant choisir la destination ultime à mes yeux, et tant pis si le coût de la vie sur place est incroyablement élevé. Cette fois mon échéance est claire : en juin, je pars, et pour de bon. Si je ne le fais pas là, je ne le ferai jamais.

« Si je ne le fais pas là, je ne le ferai jamais. »

Je me mets à la recherche d'un appartement à louer en Suède et je tombe rapidement sur l'annonce de Maria, qui propose son studio meublé. Ses dates correspondent aux miennes. Je prends contact et on convient rapidement d'un entretien sur Skype. Au moment de passer l'appel vidéo, je sens une grosse montée de stress : tout doit se faire en anglais et je suis loin de maîtriser la langue. Aussi, je sais à quel point il est difficile de trouver un logement en Suède, et cette opportunité ne doit pas me passer sous le nez. Je dois faire la meilleure impression possible pour la convaincre que je suis le locataire idéal, que je prendrai bien soin de son appartement et de ses affaires en son absence.

La mélodie habituelle des appels Skype s'interrompt, et une fenêtre vidéo s'ouvre. L'image est toute pixélisée. Je distingue à peine le visage de Maria, de l'autre côté de l'écran. Je dégaine mon plus large sourire et, tâchant d'être convaincant, je me lance :

« *Hi Maria! Thank you for calling!* »

Pendant la visite virtuelle, le son est constamment saccadé, donnant une conversation rythmée par des « Pouvez-vous répéter s'il vous plaît ? » toutes les trois phrases. Le courant semble bien passer malgré mes hésitations linguistiques. Suffisamment, en tout cas, pour qu'avant de raccrocher Maria me demande mon adresse postale. Quelques jours plus tard, je reçois un courrier avec un cachet de la poste suédoise. C'est le bail que je dois remplir, signer et renvoyer en Suède. Mission accomplie : dans quelques semaines, direction Göteborg !

Quelques astuces pour trouver un appartement à l'étranger

Pour trouver un appartement à l'étranger, j'ai beaucoup utilisé le forum du site Couchsurfing, mais il n'est plus très actif sur ce genre de sujet désormais. Aujourd'hui, vous avez plusieurs options.

La première, c'est simplement de regarder les petites annonces sur les équivalents locaux de notre Leboncoin. Pour les trouver, tapez simplement « leboncoin + nom du pays » sur Google, vous obtiendrez le nom du site sur lequel faire vos recherches, puis naviguez dans la section « immobilier » à l'aide de Google Translate.

La deuxième option, c'est d'utiliser les groupes Facebook. Soit d'expatriés (en cherchant « expats in + pays ou ville »), où on trouve souvent des guides pour les nouveaux arrivants, soit spécifiques aux recherches de logement (là, il faudra souvent faire la recherche dans la langue locale), soit, en dernier recours, des groupes de petites annonces entre particuliers. Une précaution, tout de même : comme souvent sur internet, attention aux arnaques et aux fausses annonces. N'envoyez pas d'argent tant que vous n'avez pas visité l'appart' et signé un bail valide.

La dernière option, enfin, c'est de repérer une agence immobilière dans la ville qui vous intéresse et de lui confier votre recherche. Certaines sont spécialisées pour les expatriés ou les étrangers, et parleront même parfois le français. Le coût n'est pas négligeable, mais ça vous facilitera considérablement la tâche.

Une fois que vous avez une idée assez précise de l'état du marché et que vous avez pris quelques contacts, rendez-vous sur place, puis louez un Airbnb ou une chambre d'hôtel pendant quelques jours, le temps de visiter les biens et de faire votre choix.

Au niveau du timing, je vous conseille de chercher votre nouveau logement au mois de juin, quand les étudiants quittent leurs appartements et qu'un grand nombre de studios et chambres en coloc' se retrouvent sur le marché.

CHAPITRE 16

« La Suède, c'est le choix du cœur »

Le Portugal était un choix de raison, mêlant les avantages du coût de la vie, du climat et du prix du billet d'avion. La Suède, c'est le choix du cœur. Des groupes de musique que j'adore viennent de ce pays. J'ai lu une demi-douzaine de romans policiers ayant les bas-fonds de Göteborg pour décor. L'histoire viking me fascine. J'ai même commencé à apprendre la langue avec la méthode Assimil avant mon départ, afin de mettre toutes les chances de mon côté pour m'intégrer au mieux. Je savais que je ne resterai pas toute ma vie au Portugal, mais pour la Suède, je me laisse la possibilité de poser là mes valises indéfiniment, si tout se passe bien.

Je me rappellerai toujours de mon arrivée à Göteborg. J'ai rêvé de ce jour pendant des semaines, quand je bossais avec acharnement depuis l'appartement de ma mère. C'était ma façon de tenir le coup, ma seule vraie perspective positive.

Les portes automatiques de l'aéroport coulissent devant moi et je fais mes premiers pas sur le sol suédois. Un grand ciel bleu et une chaleur estivale m'accueillent. Ébloui par le soleil, je me protège les yeux du revers de la main pour observer les alentours. Quelques têtes blondes font bronzette sur un coin de pelouse de l'autre côté de la route. Je m'empresse de dénouer mon écharpe et de retirer le gros manteau dans lequel je me suis emmitouflé. Je m'attendais à une météo du Grand Nord et me voilà avec un temps digne d'un été normand !

Maria m'accueille à la gare centrale dès ma descente de la navette. Elle me serre la main et me fait aussitôt grimper dans un tram en direction de l'appartement que je vais occuper les prochains mois. Sur le trajet, à travers les vitres, elle m'indique les cafés sympas, les parcs, les endroits à voir. Je me délecte de chaque morceau de Suède que mes rétines peuvent absorber. L'architecture des hauts bâtiments scandinaves, le vert vif des arbres, le canal où les promeneurs sont venus profiter du soleil. Et puis on arrive à l'appartement, qui se trouve dans une résidence sécurisée par un badge. Tout est élégant, propre, ordonné, dans le plus pur style scandinave. L'appartement mesure vingt mètres carrés à vue de nez. C'est un grand studio moderne, baigné de lumière et décoré avec goût. Chaque coin de la pièce a son utilité bien définie. Un large bureau optimisé pour le travail, une minicuisine équipée où je me vois déjà me préparer de bons petits plats, un lit douillet bordé par une bibliothèque remplis de livres et de DVD. Je n'aurais pas pu rêver mieux : même sur les photos, ce n'était pas aussi vendeur.

« L'architecture des hauts bâtiments scandinaves, le vert vif des arbres, le canal où les promeneurs sont venus profiter du soleil. »

Cerise sur le gâteau, j'ai aussi droit à un petit balcon, avec vue sur ce que j'ai cru être un parc pendant plusieurs semaines avant de me rendre compte qu'il s'agissait d'un cimetière. Tu m'étonnes que je n'aie jamais été dérangé par le voisinage…

Dès mes premiers jours à Göteborg, je me sens à ma place. La ville est vivante mais ça ne grouille pas de monde comme à Paris ou à Londres. Les gens sont gentils, doux, courtois. Lorsque je fais mes premières rencontres et que j'explique que j'ai choisi de venir vivre en Suède par amour pour le pays et la culture, j'ai droit à des grands sourires étonnés, une tape amicale dans le dos, un verre offert, ou même un jour à un parapluie remis par un grand viking qui me dit : « Garde ça précieusement, tu vas en avoir besoin ici. »

Un soir, alors que je bois une bière au King's Head avec Nathan, un Américain qui vient d'arriver pour jouer au foot dans le club local, un groupe de Suédoises passablement éméchées s'installe à la table voisine. Au cours de la soirée, je discute avec l'une d'elles, Elina, et on réalise avec stupéfaction que je connais très bien sa meilleure amie, Rebecca. Je l'ai rencontrée deux ans plus tôt à Paris lorsqu'elle faisait son tour d'Europe, et le courant est si bien passé entre nous qu'elle est ensuite venue passer quelques jours chez moi, à Cherbourg, avant de continuer son périple. La coïncidence est telle que l'on décide aussitôt d'échanger les numéros de téléphone et de se revoir tous ensemble dès que l'occasion se présentera.

Plus tard, je fais la connaissance d'Emmanuel, un grand Québécois aux cheveux longs, habillé tout en noir et arborant fièrement des tee-shirts de groupes de metal scandinaves. Ça clique aussitôt entre nous, pour reprendre l'expression chère à nos cousins d'outre-Atlantique. Emmanuel arrive de Grèce, il vient à Göteborg bosser comme cuisinier dans un pub du centre-ville qui deviendra notre repaire. Il a deux ans de plus que moi et j'admire son parcours : dès sa majorité, il a quitté sa terre natale pour l'Europe, avant de partir en Australie, puis de faire un tour du monde quasi exhaustif – il est même allé en Irak ! Son truc, actuellement, c'est d'alterner les longs voyages en sac à dos et les expatriations aux quatre coins du globe. Les uns lui servent à mettre des sous de côté pour financer les autres. J'adore l'idée ! Avec Emmanuel, on écume les bars de la ville, on refait le monde des milliers de fois, on explore le merveilleux archipel de Göteborg et ses paysages uniques.

Un soir, on décide de se rendre à Rockbaren, le plus gros bar metal de Göteborg. On passe le videur et on descend les escaliers vers le sous-sol d'où monte une rumeur sourde accompagnée d'effluves de sueur et d'alcool. À chaque marche, mes semelles peinent à se décoller des flaques de bière. J'arrive en bas et je découvre une foule amassée autour du bar. Devant moi, un grand blond aux cheveux longs, transcendé par la musique, lève fièrement sa pinte en serrant un poing rageur alors que le refrain de *Hail and Kill* de Manowar est repris en chœur par l'assemblée. Un frisson me parcourt l'échine : aucun doute, je suis chez moi ici, je suis bien. Je suis à ma place. L'appartement de ma mère, les démarches auprès de Pôle Emploi, les clients qui ne me paient pas, le stress d'avoir fait la pire erreur de ma vie, tout est

« Je suis à ma place. »

instantanément balayé par ce moment. Par mes nouveaux amis, par ces jolies blondes dont je croise le regard, par le metal qui est vécu comme une religion, par la bière qui coule à flots et par les discussions faciles avec les locaux.

Je rattrape à vingt-cinq ans ce que je n'ai pas vécu auparavant, dans mes années étudiantes ou de jeune actif, faute de revenus, de confiance en moi et d'opportunités. Certes j'allais assez souvent boire un verre après le boulot, mais ça n'avait rien à voir avec le rythme que je connais à Göteborg. J'habite désormais dans une grande ville, j'ai enfin un peu d'argent, et les voyages ont boosté mon estime personnelle, alors j'en profite pour sortir, papillonner, m'amuser, ne pas prendre la vie trop au sérieux. Je rentre tard, je me lève tard, je bosse quelques heures, puis je prends le tram retrouver Nathan, Emmanuel, Rebecca ou Elina et ses amies en centre-ville. Je ne sais pas comment je tiens le rythme, car aujourd'hui, il suffit que je me couche une fois après minuit pour que je mette trois jours à m'en remettre, mais à l'époque, j'enchaînais comme jamais. Je brûlais ma jeunesse. L'instant présent pur et simple. Profiter de chaque journée comme si c'était la dernière. Faire la fête toujours plus longtemps, toujours plus tard, avec toujours plus de monde.

« Je rattrape à vingt-cinq ans ce que je n'ai pas vécu auparavant… »

Et puis un matin, je me suis réveillé avec la gueule de bois. Les feuilles des arbres avaient changé de couleur. De gros nuages gris étaient venus couvrir le ciel tout le temps bleu de ma Suède à moi. Les températures avaient chuté dans la nuit et j'ai dû remettre l'écharpe que j'avais dénouée en arrivant, quelques mois plus tôt. L'automne s'installait. Nathan est reparti à Miami après son échec avec le club de foot. Rebecca et Elina ont repris le chemin de l'université et se montraient moins disponibles. Seul Emmanuel répondait encore à l'appel. Mais je sentais qu'il était temps pour moi de tourner la page. Sur le moment, j'ai justifié mon départ précipité de Göteborg par le fait que je dépensais plus que ce que je gagnais, et que chaque mois je tapais dans mes économies. C'était vrai : ma vie insouciante et fêtarde m'avait conduit à faire des écarts dans le budget prévu et je n'aurais pas pu continuer à ce rythme-là financièrement pendant encore très longtemps. Mais la vraie raison qui m'a fait quitter Göteborg, c'est que mon niveau de bonheur avait atteint son apogée. Je savais au fond de moi que je ne pourrais pas le conserver aussi haut plus longtemps.

Mon séjour en Suède avait été parfait de A à Z, je ne voulais pas prendre le risque de le rendre médiocre en le faisant durer plus longtemps. Une petite voix me disait que les mois à venir, dans le froid et la nuit scandinave, ne seraient jamais aussi exaltants que ceux que je venais de connaître. Alors j'ai fait mes bagages, j'ai rendu l'appartement à Maria et, par une sombre matinée de septembre, j'ai quitté Göteborg, le cœur en miettes.

CHAPITRE 17

« Grenade est une destination froide l'hiver »

À Göteborg, j'ai rencontré une Suédoise qui a vécu quelque temps à Grenade, en Andalousie. Elle en parlait avec tant de passion qu'elle m'a convaincu d'aller voir de plus près cette ville espagnole peu connue, dans l'ombre de sa majestueuse voisine Séville. Ça tombe bien, après l'été suédois, j'ai envie de passer les longs mois d'hiver au soleil. Et l'Andalousie me semble être une bonne idée.

Je décide de louer une chambre en coloc' suite à une annonce sur le site Couchsurfing. Ayant toujours habité seul depuis l'âge adulte, je me dis que c'est un mode de vie à essayer au moins une fois, et j'en suis excité d'avance. Pendant mes années étudiantes, les meilleures soirées avaient souvent lieu dans les colocations, l'épicentre de toute la vie sociale.

Le premier signe que les choses allaient mal tourner survient à la gare du Nord, sur mon chemin vers l'aéroport. Moi qui déteste ces lieux à cause des gens toujours pressés qui me bousculent dans un sens et dans l'autre, je casse la roulette de ma valise en sortant des escalators du métro. Je tente de la remettre en place, mais c'est peine perdue. Des bouchons se créent derrière moi et je peux sentir les Parisiens me maudire sur des générations au moment où ils me contournent avec mépris. Je n'ai qu'une hâte : faire disparaître cette valise, mais je ne peux pas faire autrement que la charrier jusqu'à ma destination finale. Alors j'abandonne la roulette récalcitrante et je reprends ma route avec une valise raclant le sol, m'arrêtant tous les trois pas pour la tirer à moi, sous les regards agacés de la foule.

Contrairement à ce que l'on pourrait croire, Grenade est une destination froide l'hiver. La ville est nichée au pied des montagnes de la Sierra Nevada, dont on aperçoit les sommets enneigés depuis les larges artères dégagées du centre-ville. Mon coloc' m'accueille avec un chaleureux « Jérémy, *bienvenido amigo* ! » et une accolade qui me surprend après plusieurs mois en Scandinavie où les gens fuient les contacts humains comme la peste. La chambre est grande et la fenêtre donne sur une cour intérieure. Elle est simplement meublée d'un lit, un bureau et une armoire. C'est spartiate, mais pour cent soixante-dix euros par mois, je n'en demande pas plus.

Dès le premier soir, Santi, mon coloc', m'emmène manger des tapas dans les rues piétonnes, me montre les coins sympas, me paie un coup à boire. Je me sens vite à l'aise et je suis ravi d'avoir choisi l'option coloc' pour m'intégrer rapidement dans ma nouvelle ville. Mais les choses vont tourner court. La langue me pose un problème : à Göteborg, j'ai voulu apprendre le suédois mais aucun local ne m'a jamais laissé parler plus de deux phrases sans passer à l'anglais, croyant me rendre service. À Grenade, c'est l'inverse : on ne me parle qu'en espagnol, avec un accent local à couper au couteau que je mets un temps fou à comprendre malgré mon glorieux, croyais-je, seize sur vingt au bac dans leur langue. Je progresse assez vite, mais pas suffisamment pour pouvoir communiquer du tac au tac avec les gens, condition indispensable pour m'intégrer. Aussi, je me rends compte que Santi passe son temps au travail et à la salle de sport. On ne se croise pour ainsi dire jamais : il part avant que je me lève et rentre quand je suis déjà couché. Je suis seul dans l'appartement la plupart du temps. Je bosse le matin et je visite la ville l'après-midi. Le soir, pour compenser mon manque de vie sociale, je prends mes quartiers dans un bar à tapas près de chez moi. La serveuse s'étonne de ce Français qui vient tout seul, chaque soir ou presque, dans son petit boui-boui excentré de tous les points d'intérêt touristiques, tester patiemment chacune des spécialités de la carte. Une sorte d'amitié silencieuse s'installe entre nous, et c'est, avec le recul, le meilleur souvenir que je garde de mon passage à Grenade, que j'espérais festif et riche en rencontres et qui se révélera surtout intéressant au niveau professionnel.

En Suède, j'ai créé un petit blog de voyage pour raconter mes aventures et mes anecdotes à mes proches, afin d'éviter de faire un mail à chacun en faisant varier les prénoms et deux trois formulations. Un matin, alors que j'avalais mon bol de céréales sur la table du salon, les pieds blottis contre le radiateur portable que j'emportais partout avec moi – il fait froid en décembre dans les vieux immeubles andalous –, je reçois un mail contenant une proposition qui m'interpelle. Une régie publicitaire propose de me payer pour que j'insère un lien hypertexte dans un de mes articles. Pris au dépourvu, je pense d'abord à une arnaque. J'effectue les vérifications d'usage, puis, une fois rassuré, je réponds en demandant un montant au hasard.

« D'accord, mais je facture cinquante euros le lien », écris-je sans savoir du tout si j'allais me faire envoyer promener pour avoir osé demander une telle somme, ou si j'allais passer pour un amateur qui aurait dû facturer le triple.

Réponse quasi immédiate : « OK, mais pour ce prix-là, on vous en commande dix ! »

Je n'en crois pas mes yeux et, ravi de l'opportunité, je valide avec plaisir ce contrat tombé du ciel.

Cette époque marque le début de la guerre qu'allaient se mener les géants du tourisme pour se positionner dans les premiers rangs de Google, et j'allais pouvoir bénéficier, à mon tout petit niveau, de ce boom économique inattendu. Les mois suivants, les propositions de ce genre vont se multiplier, et mon blog de voyage se professionnaliser jusqu'à devenir une vraie source de revenus, modestes certes, mais non négligeables. À la fin de l'année 2012, en cumulant mon activité de conseils en communication et les propositions commerciales pour mon blog, j'arrive à stabiliser mes revenus autour des huit cents euros par mois. C'est un vrai soulagement psychologique car, pour la première fois depuis que j'ai quitté mon boulot, je gagne à nouveau plus que ce que je dépense, et je peux me permettre, enfin, de remettre un peu d'argent de côté. L'angoisse de devoir retrouver un boulot pour renflouer le portefeuille après plusieurs mois à voyager s'est volatilisée, j'ai désormais l'intime conviction d'avoir tiré un trait définitif sur le salariat et son mode de vie.

Faire des économies avec des petits revenus

Quand on vit d'un petit salaire, on s'imagine rarement pouvoir mettre de l'argent de côté. Une portion non négligeable part dans le loyer et tout ce qui y est lié, et le reste est réparti entre la nourriture, les transports et parfois quelques loisirs de base. Pourtant, j'ai réussi à économiser suffisamment pour m'offrir plusieurs voyages alors que j'étais payé au Smic, et j'y arrive également là, en gagnant encore moins.

La clé pour sécuriser son avenir et préparer un projet de changement de vie à moyen terme, c'est de verser sur son compte-épargne une somme, même dérisoire, chaque mois, de manière automatique, dès le jour où le virement tombe. Si vous le faites aussitôt, vous n'aurez pas l'impression de vous priver pour économiser : c'est comme si votre salaire net arrivait sur votre compte avec vingt, trente, cinquante euros de moins, selon la somme que vous pouvez mettre. Et, ainsi, vous n'aurez pas la tentation de tout dépenser. Pour ma part, pendant toute ma période de salarié, j'envoyais automatiquement, dès le jour de réception de ma paie, cinquante euros sur mon livret A afin de me constituer une petite épargne pouvant me servir autant en cas de coup dur, du type panne de voiture, que pour mes loisirs exceptionnels, comme un voyage de temps en temps.

Pour augmenter notre capacité d'épargne, on pourrait aussi faire la chasse à tous les micro-achats du quotidien, comme le café à la machine avec les collègues ou la boîte de chocolats que l'on ajoute au Caddie quand on passe à la caisse et dont la somme totale représente parfois plus d'une centaine d'euros par mois. Mais je considère que ces petites dépenses participent à l'entretien de notre moral et qu'il n'est pas nécessaire de toutes les supprimer pour parvenir à économiser.

Début décembre, Nico, l'ami à qui j'ai rendu visite au Népal, vient passer une semaine de vacances en Andalousie. On se retrouve à Malaga pour quelques jours de repos avant un road-trip en direction de Gibraltar. On passe notre temps à farnienter sur la plage, à flâner dans les ruelles du centre historique, à s'empiffrer de tapas en se racontant nos derniers mois respectifs. Le jour du départ pour Gibraltar, les péripéties nous tombent dessus. Tous les trains sont annulés. «*Huelga general*», comme le disent les petits panneaux rouges que les manifestants brandissent partout en ville. Que faire ? Prendre notre mal en patience, rester à Malaga et se faire des petites vacances pépères ? Ou tenter de rejoindre Gibraltar par nos propres moyens, où on est attendus le soir même pour du couchsurfing ? L'aventure nous tente tous les deux, alors on ne se pose pas la question bien longtemps et on se retrouve vite à tester le seul atout à notre disposition : le stop.

Après deux longues heures sous un soleil de plomb à se relayer pour faire signe aux voitures, on finit par grimper aux côtés d'un Anglais rougeaud, chemise blanche à demi déboutonnée, conduisant négligemment une Porsche Cayenne flambant neuve.

« Moi aussi j'ai voyagé en stop dans ma jeunesse, alors quand je vois des gars qui lèvent le pouce, je les prends ! » nous dit-il, avant d'expliquer qu'il a acheté une propriété au bord de la mer sur la Costa del Sol pour y passer sa retraite.

Quelques kilomètres plus loin, il sort de la voie rapide et nous dépose à un rond-point sous un panneau indiquant la direction de Marbella. On n'avance pas bien vite et je commence à douter sérieusement d'arriver à Gibraltar avant la nuit.

« *Thank you for the ride, Sir!*, lui jeté-je à travers la vitre abaissée, une fois descendu du véhicule.

– *Good luck!* », répond-il en démarrant en trombe.

À peine le temps de grignoter un biscuit et d'avaler une gorgée d'eau qu'un véhicule s'arrête à notre niveau avec un coup de klaxon. Deux femmes d'une cinquantaine d'années, l'une brune, l'autre blonde, toutes deux maquillées outrageusement, nous proposent un brin de conduite dans leur décapotable à l'allure rétro. On accepte, plus pour se marrer que pour véritablement avancer car elles ne vont pas plus loin que Marbella, à peine à mi-chemin de notre destination finale. On s'installe à l'arrière et elles s'engagent sur l'autoroute, avalant les kilomètres à pleine vitesse vers le soleil couchant, les lunettes de soleil vissées sur le nez et les cheveux dans le vent malgré leurs châles. J'ai l'impression d'être immergé dans un film romantique hollywoodien des années soixante-dix. À leurs œillades dans le rétroviseur et leur façon de flirter avec nous, je comprends qu'elles nous ont pris en stop plus pour s'amuser que pour nous dépanner. Quand la conductrice se présente comme sexologue et nous propose des consultations gratuites, tout le monde rit de bon cœur. Le reste du trajet se fait dans la bonne humeur puis, à l'entrée de Marbella, elles nous déposent sur une aire de repos avant de s'éloigner en nous faisant de grands signes de la main.

La nuit est tombée. Malgré notre insistance à lever le pouce, aucune autre voiture ne daigne s'arrêter à notre niveau. L'heure avance, la circulation se raréfie et on se fait à l'idée que notre mission de rejoindre Gibraltar pour le soir même est vouée à l'échec. Je préviens nos hôtes par message, puis on attrape nos sacs à dos et on se met en marche. On erre un long moment dans les faubourgs de la ville avant d'arriver dans le centre historique, charmant au demeurant. Au détour d'une ruelle, nos oreilles sont attirées par de la musique. Je reconnais le morceau *Comfortably Numb* de Pink Floyd. Le son provient d'un tout petit bar avec deux tables minuscules en guise de terrasse. La Malasuerte, « la malchance », indique la devanture. Pour nous, c'est plutôt une aubaine. On s'installe au comptoir, on commande un verre à la patronne, puis deux, puis trois. L'alcool combiné à la fatigue de la journée nous assomme rapidement. Je rêve d'aller me coucher, mais on n'a nulle part où dormir. Il est trop tard pour espérer trouver un couchsurfing à Marbella, et on n'a clairement pas le budget pour s'offrir une chambre d'hôtel dans cette petite ville luxueuse de la côte espagnole. Les rares clients finissent leur verre et vident les lieux un à un. Puis, finalement, La Malasuerte ferme ses portes. Après avoir négocié en vain une nuit sur les banquettes du bar, on prend la direction de la plage à la recherche d'un coin calme pour se reposer en attendant le lendemain et la fin de la grève. À l'aube, sans avoir fermé l'œil, glacés par le sable dont l'humidité a infiltré nos sacs et nos vêtements, on grimpe dans le premier bus pour Gibraltar. On arrive éreintés mais bien contents de cette première journée sur la route, pleine de rencontres et d'aventure.

« On arrive éreintés mais bien contents de cette première journée sur la route, pleine de rencontres et d'aventure. »

Après le départ de Nico, à mon retour chez moi, mon coloc' m'annonce une mauvaise nouvelle : le propriétaire de l'appartement veut récupérer la chambre que je loue pour y mettre son fils. J'ai dix jours pour faire mes bagages et déguerpir. C'est l'inconvénient d'avoir sous-loué de la main à la main, sans signer le moindre bail : techniquement parlant, je n'existe pas. Je suis déçu de ne pas pouvoir prolonger mon séjour à Grenade et frustré de la façon dont les choses se terminent, mais au moins, ça me permet de prendre les devants car, il me faut quand même regarder les choses en face, cette expérience espagnole n'est pas à la hauteur de mes espérances. Trois jours avant Noël, je suis de retour à Malaga, je grimpe dans l'avion pour Beauvais et je rentre en Normandie après un bref passage à Paris, toujours avec ma valise unijambiste.

CHAPITRE 18

« Oublier le reste du monde et pénétrer dans mon sanctuaire hors du temps »

Malgré ma déconvenue espagnole, mon retour à Cherbourg se fait sereinement. Mon projet tient désormais bien la route et je commence à être rodé dans le processus du voyage en solitaire. Alors pour clore cette année 2012 particulièrement riche en péripéties, j'ai juste envie de me détendre et de profiter de Noël en famille avant de repartir vers de nouveaux horizons dès les festivités terminées.

Une bonne partie de mes amis est de retour dans notre petite ville le temps des fêtes. C'est l'occasion d'organiser des retrouvailles. Un après-midi, on se rejoint dans les rues piétonnes décorées aux couleurs de Noël, des sacs de cadeaux plein les mains. On décide d'aller se réchauffer autour d'un chocolat chaud. Dans le café, je tombe par hasard sur une vague connaissance qui, l'air supérieur, me balance un taquet : « Quand est-ce que tu te trouves un vrai boulot, alors ? » Je ne sais pas quoi répondre, c'est la première fois que je suis confronté à une désapprobation aussi directe de mes choix de vie. Surtout qu'elle vient de la part d'un gars dont j'avais littéralement oublié l'existence. Devant mon absence de réaction, il surenchérit avec un : « C'est pas ça la vie », avant de tourner les talons, fier de lui. J'ai beau ne rien laisser paraître, cette dernière pique me touche. Je bous à l'intérieur.

« La vie, c'est ce que l'on en fait. »

La vie, c'est ce que l'on en fait. Certains font le choix, à vingt-cinq ans, de s'engager pour un CDI, un crédit, un labrador et un monospace. Si ça les rend heureux, très bien, mais ce n'est pas mon cas. Alors à quoi bon m'acharner. Autant me poser trois minutes, réfléchir sérieusement à ce que je veux faire de ma vie, et ensuite décider clairement de la voie que je vais suivre. Sans rien retirer à personne, sans impliquer quiconque dans mes choix autre que moi-même. Juste en vivant en accord avec mon cœur, mes envies et mes valeurs.

D'une manière générale, ce sont souvent les gens que je connais peu qui vont avoir tendance à me blesser dans leurs propos ou leurs attitudes. Quand j'explique à une ancienne stagiaire journaliste que je suis en train de professionnaliser mon blog de voyage pour en faire mon activité principale, elle ne peut s'empêcher un sourire condescendant : « Non mais tu veux vraiment vivre d'un blog ?! » Je sais qu'il n'y a pas la moindre once de méchanceté dans son attitude, et c'est justement ce qui me fait de la peine : elle ne croit pas en moi. J'ai déjà du mal, souvent, à croire en moi-même, alors quand je ressens du doute autour de moi, ça m'affecte profondément.

Quand je rencontre quelqu'un qui réussit dans un domaine qui m'intéresse, l'un de mes principes, c'est d'adopter une attitude positive et demander des conseils, comme à un mentor. Quand je fais la connaissance d'Emmanuel, mon ami québécois de Göteborg qui voyage non-stop depuis dix ans, au lieu d'envier bêtement son parcours, je l'écoute avec attention, je prends note de ses recommandations et j'essaie d'appliquer au mieux les éléments qui pourraient fonctionner aussi dans mes propres projets. C'est une façon bien plus constructive, je trouve, de réagir aux réussites des autres, loin de l'aigreur, de la mesquinerie ou de la jalousie.

Cette succession de remarques déplaisantes me conforte dans l'intuition que j'ai depuis un moment : il est préférable de garder pour moi, secrètement, mes projets et mes rêves. Je me mets déjà suffisamment de pression comme ça, inutile d'en ajouter en me retrouvant confronté, sans forcément le vouloir, aux réactions des autres et à l'impact qu'elles peuvent avoir sur mon moral. Je me réfugie donc dans ma famille, où je retrouve paix et sérénité. Mes parents n'abordent pas ouvertement le sujet de ma nouvelle vie avec moi. Ils me laissent venir. Je leur raconte mes anecdotes, l'histoire de la grève générale en Espagne, ma visite de Gibraltar et la première fois où j'ai aperçu les côtes de l'Afrique, mais ça ne va pas plus loin et je n'en demande pas plus. Quand je rentre en Normandie, je n'ai qu'une envie : oublier le reste du

« Je ne le sais pas encore, mais ce sera le dernier Noël que je passerai avec mon grand-père. »

monde et pénétrer dans mon sanctuaire hors du temps, chez mon père ou chez ma mère, retrouver l'atmosphère de mon enfance et l'insouciance qui va avec afin de me reposer physiquement et mentalement. Ils respectent cela, et ça me fait du bien.

Je ne le sais pas encore, mais ce sera le dernier Noël que je passerai avec mon grand-père. Il ne comprend pas très bien ce que je fais : à quatre-vingt-douze ans, c'est assez difficile de lui expliquer les concepts de « digital nomade », de travail sur internet, de consulting à distance. Ce qu'il voit, c'est que je m'épanouis dans ma nouvelle vie. Nathalie, ma plus jeune sœur, lui imprime et lui lit régulièrement les récits de voyage que je publie sur mon blog, ce qui lui permet de se tenir au courant de mes péripéties.

« Tu ne manques de rien ? me demande-t-il quand je viens lui rendre visite quelques jours avant Noël.

– Non papi, tout va bien, je t'assure !

– Alors si tu es heureux, mon garçon, c'est le principal », me répond-il avec son accent d'autrefois.

Quand bien même j'aurais la moindre difficulté, je n'irais pas lui causer du souci à son âge, et j'évite de lui raconter que l'on m'a viré de ma coloc' quinze jours plus tôt.

Les fêtes passent et il est bientôt l'heure pour moi de reprendre la route. Au moment de repartir, j'ai le cœur serré. Laisser derrière moi ces personnes que j'aime plus que tout au monde me plonge systématiquement dans une nostalgie profonde. Au cours de mes années de voyage, les trajets en train entre Cherbourg et Paris, pour y prendre l'avion, seront toujours empreints de la même mélancolie.

CHAPITRE 19

« Après Budapest, je prends la direction de l'Italie »

Je commence 2013 dans le froid glacial de l'hiver hongrois. Budapest. C'est la première grande ville que je visite depuis longtemps, et rien à faire : je n'accroche pas. La ville est belle, magnifique même : il faudrait être difficile pour clamer le contraire. Mais elle me rappelle trop Paris. Il y a trop de monde, trop d'agitation. Ça ne correspond pas à mon état d'esprit. Je me prête tout de même de bonne grâce aux visites touristiques. Le point d'orgue de mon séjour, c'est une fin de journée dans les somptueux thermes de Széchenyi. La nuit est tombée, le château qui sert de spa est illuminé d'un éclairage tamisé. J'enfile mon maillot de bain acheté le matin même et je sors des couloirs chauffés en direction des bassins extérieurs. Je parcours les quelques mètres qui me séparent de l'eau sur la pointe des pieds tant le sol est glacé, puis je m'immerge avec délice dans l'eau chaude, fumante. Il neige sur ma tête tandis que je me délasse dans une eau à trente-huit degrés, dans une ambiance évanescente. C'est la variante hongroise des « pieds dans l'eau et la tête au soleil ». Le bonheur.

Après Budapest, je prends la direction de l'Italie. Je passe à Pavie dire bonjour à Martina que j'ai rencontrée l'année précédente en Suède. Et pour la suite, j'improvise complètement mon itinéraire. À chaque lieu, je demande conseil sur les meilleurs endroits à voir à proximité. J'explore Gênes, Pise, Florence, Bologne, Milan. Je découvre les Cinque Terre, les petits villages de Toscane, la région des lacs, et d'autres villes au charme parfois discret. Chaque endroit est marqué par des rencontres et des visages davantage que par des monuments ou des musées. Je termine ma découverte du pays par une ville si touristique que j'aurais adoré la détester : Venise. J'avais prévu d'y rester quelques heures avant de repartir pour Trévise, le temps d'arpenter la place Saint-Marc et de faire des photos du Grand Canal, mais je rencontre Viola, une vendeuse de glace adorable qui me fait vivre la ville de l'amour sous son angle le plus romantique. Alors je profite de ma liberté pour prolonger mon séjour et vivre comme un vrai Vénitien le temps de quelques jours. Et puis nos chemins se séparent, et je quitte Viola, Venise et l'Italie la tête pleine de merveilleux souvenirs.

« Chaque endroit est marqué par des rencontres et des visages davantage que par des monuments ou des musées. »

En avril, après un saut en Belgique et aux Pays-Bas, je rentre faire une pause en Normandie afin de me ressourcer et garder le fil avec mes proches. C'est important pour moi de ne pas oublier mes racines, de nourrir mes amitiés, de rester un minimum dans le quotidien et le cœur des gens. De continuer à m'intéresser aux vies des uns et des autres. Quand l'un va avoir un enfant, je veux être là. Quand un autre déménage, je veux participer. Je ne sacrifierai personne sur l'autel de mon nouveau mode de vie, et je veux que chacun dans mon entourage puisse compter autant sur moi que sur n'importe qui.

« Je ne sacrifierai personne sur l'autel de mon nouveau mode de vie... »

Début mai, alors que les beaux jours font leur retour, je repars. Cette fois, avec l'idée de parcourir les pays baltes : Estonie, Lettonie, Lituanie, en prenant mon temps et en allant me perdre dans les petites villes secondaires. J'ai remarqué que j'étais souvent déçu par les capitales, ou en tout cas par les grandes métropoles. L'hyper-mondialisation de ces lieux les a rendues insipides, sans charme, sans personnalité. Se promener dans le centre de ces villes, c'est retrouver systématiquement les mêmes chaînes de magasins à la mode, les mêmes boutiques préconstruites, les mêmes personnes aux mêmes aspirations, aux mêmes parcours et à la même vision du monde. Ces villes veulent tellement ressembler aux autres grandes métropoles qu'elles en dissolvent leur propre histoire, leur propre identité, à coup de McDonald's, Apple Store, Fnac, Starbucks, Zara, Yves Rocher et autres. Or, une des choses qui me plaisent dans le voyage, c'est justement de plonger dans l'histoire et l'identité d'un pays. Dans ce qui fait sa spécificité. Mais si c'est pour retrouver ici ce que j'ai déjà vu

« Début mai, alors que les beaux jours font leur retour, je repars. Cette fois, avec l'idée de parcourir les pays baltes... »

cent fois ailleurs, ça ne m'intéresse pas. Alors je me tourne vers les plus petites villes et les campagnes pour y trouver l'authenticité, même si ce mot a été tellement galvaudé par les professionnels du marketing que je m'en méfie comme de la peste.

Ce voyage en Europe de l'Est marque le début de ma fascination pour cette région du monde, figée entre deux époques. À Pärnu, en Estonie, je dors chez Yan, un type solitaire aussi passionné que moi par la musique metal. C'est souvent mon critère, d'ailleurs, sur Couchsurfing : j'essaie de repérer les gens avec qui je partage des affinités autres que le voyage, afin de multiplier les sujets de conversation et éviter les blancs ou les moments de gêne. Un soir, Yan m'emmène dans son bar préféré, une cabane en bois aux allures de chalet de haute montagne. On s'installe sur de longs bancs en chêne massif autour de l'unique tablée. Je me crois dans le banquet à la fin des albums d'Astérix. Tout le monde se mélange, tout le monde se parle même sans se connaître. Enfin, en réalité je pense que tout le monde se connaît : la ville n'est pas bien grande. Une guitare circule parmi les convives et, l'alcool aidant, des chants sont repris en chœur par l'assemblée. Je regarde ça émerveillé, fasciné, à la fois spectateur et acteur de ce drôle de théâtre.

« Tout le monde se mélange, tout le monde se parle même sans se connaître. »

Ce même soir, je repère dans un coin deux types jouant aux échecs. J'observe leur duel et, à la fin de la partie, l'un d'eux me propose de l'affronter. Je n'arrive pas à lui donner un âge : il doit avoir la cinquantaine, mais son visage émacié, sa mâchoire édentée, ses rides profondes montrent une vie rude et difficile. Il a des yeux bleus perçants qui me fixent comme s'il pouvait voir à travers mon âme. Je n'ai pas la prétention d'être un grand joueur d'échecs, mais je ne me défends pas trop mal habituellement. On enchaîne les parties et il me bat systématiquement à plate couture. Je lui demande où il a appris à jouer. Sa réponse claque comme un coup de fouet.

« Au goulag, en Sibérie ».

Autant lors de mon voyage au Népal, je m'attendais à subir un choc culturel, autant là, dans ce petit pays de l'Union européenne, cette révélation me frappe avec une violence inattendue.

Une coïncidence étonnante va se produire pendant mon séjour en Lituanie. Cette fois, je suis à Kaunas, chez Darius et sa copine Eglé. Alors qu'ils me font visiter leur ville, je leur demande s'ils hébergent souvent des voyageurs.

« Pas souvent, non, mais récemment on a accueilli un Canadien, un metalleux aussi d'ailleurs.

– Ah bon ?

– Ouais, un grand gars aux cheveux longs qui arrivait de Suède. »

Je suis pris d'un soupçon.

« Ne me dis pas qu'il s'appelle Emmanuel !

– *Fuck, yes*, c'est ça ! Tu le connais ? C'est incroyable !

– Ah oui, je ne te le fais pas dire ! »

Je n'en reviens pas. Mon vieux Québécois et moi suivions pratiquement le même itinéraire et, sans le savoir, avons été accueillis par les mêmes hôtes à moins d'une semaine d'intervalle ! Après quelques échanges de mails, on décide de se retrouver en France le mois suivant. Lui allait continuer son voyage à travers la Pologne et l'Allemagne, moi sauter en avion par-dessus ces deux pays afin de revenir plus vite et participer au concours de Miss Manche. Pas en tant que candidat, bien sûr, mais pour soutenir ma plus jeune sœur, Nathalie, qui deviendra d'ailleurs dauphine de Miss Normandie l'année suivante.

Mes derniers mois de 2013 se passent au Canada où j'explore la Gaspésie, aux États-Unis avec la découverte de New York et du Vermont, et en Espagne pour terminer l'année sous le soleil. Début décembre, je suis à Cadix en compagnie de Nathalie. Elle vient d'obtenir son diplôme dans le tourisme et elle fête ça en s'offrant une semaine sur la côte andalouse, une région que je commence à bien connaître et que je lui fais découvrir avec plaisir. Après avoir déambulé toute la journée dans les ruelles de la vieille ville, on se pose devant un épisode de *Homeland*. Soudain, mon téléphone sonne, nous tirant brutalement de l'intrigue. C'est mon père. Il n'appelle pas souvent, ce n'est pas son truc. Je regarde l'heure, il est bientôt 22 heures. Mon cœur explose avant même que je décroche. Je sais ce qui s'est passé. Il n'a pas besoin de parler, j'ai déjà compris. En larmes, je transmets la nouvelle à ma petite sœur qui s'effondre dans mes bras. Notre grand-père, hospitalisé depuis plusieurs jours, vient de s'en aller.

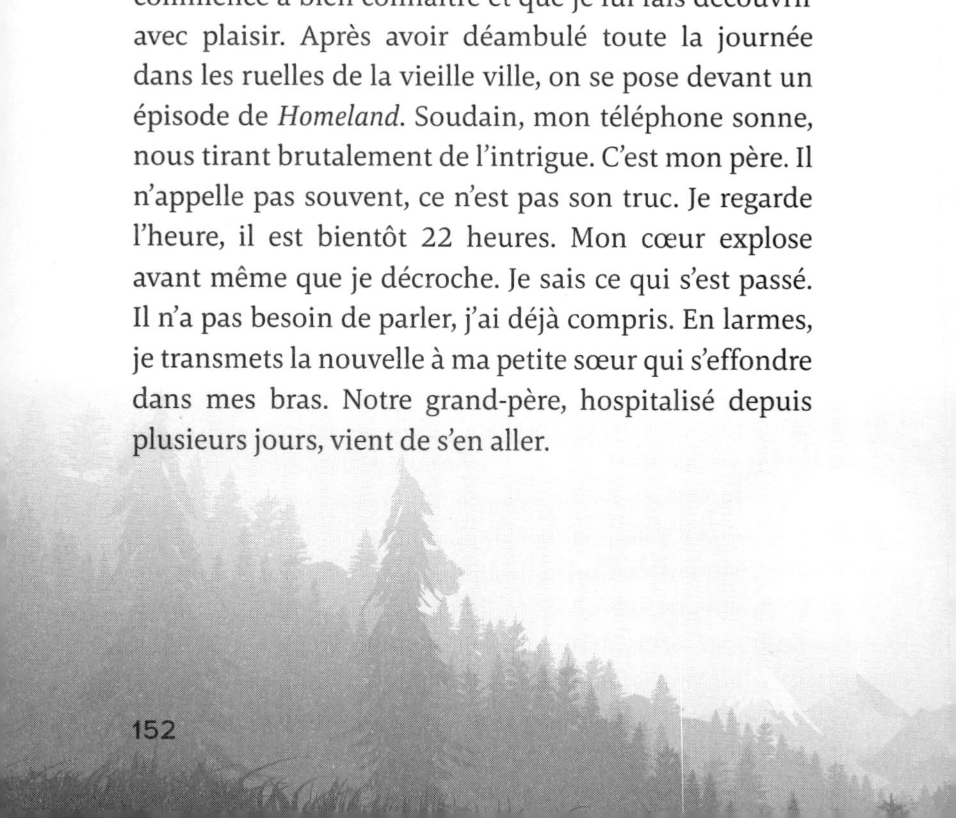

CHAPITRE 20

« L'Asie »

Les semaines qui suivent sont particulièrement floues. Je me souviens du cimetière, sur les hauteurs de son village, avec la vue sur la mer. Des fêtes de Noël avec cette sensation terrible du manque. Et puis de janvier, où j'émerge doucement comme lors d'une immense gueule de bois.

J'ai besoin de me changer les idées, de me vider la tête. De mettre de la distance avec ce qui vient de se passer. Je décide de partir le plus loin possible de mes repères habituels.

L'Asie. Je débarque à Bangkok au début du mois de mars 2014. Au moment où je sors de l'avion, j'ai l'impression soudaine de manquer d'air, d'étouffer. La chaleur moite est suffocante. Je n'avais jamais rien connu de tel. Même au Népal, quelques années plus tôt, cela ne m'avait pas autant marqué. Mais je m'habitue vite : j'apprécie les fortes températures, surtout après l'hiver normand, et je prends bientôt le rythme tranquille des locaux, qui semblent imperméables au stress occidental. Exactement ce qu'il me fallait !

Dans quels pays voyager seul ?

Avant de prendre la décision de tout quitter pour vivre avec votre sac à dos comme seul compagnon, je vous conseille vraiment de tester l'aventure sur quelques semaines. Car on ne s'en rend pas compte au début, attiré par la liberté promise et les photos magiques que les Instagrameurs nomades publient sur leurs réseaux, mais c'est réellement un mode de vie extrême, dont on n'aperçoit qu'un petit bout tant que l'on n'y plonge pas dans les conditions réelles.

À ce titre, je recommande souvent l'Asie du Sud-Est comme première destination : ce sont vraiment des pays idéaux pour ce genre de défi. Ils sont sûrs, peu onéreux, bien balisés pour les touristes, et la communauté *backpack* sur place est facile d'accès (vous allez sympathiser avec d'autres voyageurs dans les bus locaux, dans les restaurants, etc.).

Si vous préférez rester en Europe afin de conserver un certain nombre de repères, vous pouvez aller en Europe du Nord qui, malgré son coût de la vie élevé, reste franchement facile pour le voyage en sac à dos. Les gens parlent anglais, ce sont des pays encore sûrs, et vous trouverez beaucoup de bienveillance parmi les habitants. L'Europe de l'Est présente des caractéristiques similaires, avec en bonus un coût de la vie moins élevé. En revanche, les pays du Sud peuvent être un poil plus compliqués en raison de la barrière linguistique. Dans tous les cas, je vous conseille de choisir un pays qui vous attire vraiment pour cette expérience qui restera unique, quoi qu'il advienne.

Je vadrouille dans ce coin du monde pendant quelques mois, passant d'une île à une autre, d'un coin de jungle à un bout de montagne. Je n'ai pas de but précis, juste découvrir des lieux, des cultures. M'enrichir des gens que je croise. Depuis un moment, ce sont vraiment les rencontres qui me nourrissent. J'ai de moins en moins d'attrait pour les grandes villes, que je trouve souvent toutes très similaires, et je me tourne de plus en plus vers le calme et la sérénité des petites bourgades. Un endroit où je me plais en particulier, c'est Battambang, au Cambodge. Inutile de chercher sur internet quoi que ce soit d'intéressant à son sujet, vous ne trouverez rien : il n'y a ni la mer, ni la montagne. Quelques temples, tout au plus, mais je ne prends même pas la peine d'aller les voir : j'en ai déjà vu des dizaines et, pour être honnête, au bout d'un moment, j'ai l'impression qu'ils se ressemblent tous.

J'ai pris mes quartiers dans l'un des rares hôtels modernes du centre-ville. Ma chambre est au dernier étage, avec une superbe vue sur la campagne environnante et le soleil rougeoyant qui se couche droit face à mon lit.

Je fais de belles rencontres dans cette petite ville excentrée des sentiers les plus touristiques du pays. D'abord Chloé, que je prends pour une Anglaise avec son accent *british* absolument parfait, et qui me sort un « Toi, t'es français » après un quart de seconde de conversation (et tant pis pour mon ego). Puis Cécile, qui se fait remarquer par un *Lonely Planet* en français dans le café où Chloé et moi avons pris nos habitudes. Tous les trois allons passer d'excellents moments, à découvrir les environs et surtout à refaire le monde autour de petits plats cambodgiens délicieux. Chacun a sa chambre, Chloé dans mon hôtel, deux étages plus bas, et Cécile à quelques rues de là. J'ai l'impression que l'on habite tous ici, dans cette ville, et que l'on se retrouve comme le ferait un petit groupe de potes vivant dans le même quartier. Chaque matin, au petit déj', on décide de ce que l'on va faire de la journée, puis on part en visite, et le soir on se raconte nos vies d'avant comme si elles appartenaient à d'autres personnes. Notre petite routine ne dure qu'une semaine, mais nos journées sont si remplies que j'en perds la notion du temps.

Quand vient le temps des séparations, on échange nos coordonnées et on promet de se revoir à notre retour en France. Chloé part de son côté tandis que Cécile et moi prenons ensemble la direction de Siem Reap, visiter les mythiques temples d'Angkor, avant que nos routes ne bifurquent également.

Ces relations éphémères commencent à être difficiles à vivre. À peine le temps de se dire bonjour qu'il faut déjà se quitter. J'aimais bien au début : moi qui suis pudique et réservé, ça m'évitait d'avoir à trop m'investir dans les relations humaines. J'appréciais de pouvoir me cacher derrière mon personnage de voyageur. Le fait de raconter mon parcours, d'expliquer mon choix d'avoir tout quitté, m'évitait de dévoiler des choses plus profondes, des émotions, des faiblesses, des failles. Je fréquentais les gens juste assez longtemps pour me créer des souvenirs avec eux, pour nouer des liens forts, mais je les quittais avant que les choses ne deviennent trop impliquantes, trop émotionnelles, ou trop sérieuses. Et je gommais aussitôt la nostalgie de les laisser derrière moi en traversant une frontière, en rencontrant la personne suivante. Sans m'en rendre compte, j'avais pris l'habitude de ne surtout pas m'engager, ni avec les lieux, ni avec les gens. Mais là, je n'ai pas envie de reléguer aussitôt dans la boîte à souvenirs ces deux Françaises souriantes, positives, pleines de vie, avec qui je me sens tellement en phase. J'ai envie de les garder près de moi, de bâtir avec elles une amitié solide et durable. Ces séparations incessantes me donnent l'impression du sable qui file entre mes doigts. Plus je veux le retenir, le garder au creux de ma main, plus il glisse et disparaît.

« Sans m'en rendre compte, j'avais pris l'habitude de ne surtout pas m'engager, ni avec les lieux, ni avec les gens. »

Quand la saison des pluies fait son apparition, je décide de rentrer en Europe, où les beaux jours se sont installés. J'ai du mal à choisir ma future destination. Aucune ne me fait réellement envie. Petit à petit, j'ai recréé une routine dans ma vie nomade. J'arrive quelque part, je suis accueilli chez mon hôte, principalement en couchsurfing, mais je passe parfois par Airbnb afin d'être plus tranquille pour travailler, et on fait connaissance. Je raconte mon histoire, on sort faire la fête, on me présente à un tas de gens, et le lendemain je charge mon sac sur le dos et je continue ma route.

Je le sens venir doucement : les voyages ne m'excitent plus autant qu'auparavant. Je n'en ai pas encore pleinement conscience, mais j'arrive au bout du cycle de ma vie nomade et de tout ce qu'elle représente : l'insouciance absolue, la liberté ultime, les fêtes à n'en plus finir. Je me suis tellement persuadé que ce mode de vie est la condition ultime à mon bonheur et j'ai investi tellement d'efforts pour le faire fonctionner que je me refuse à regarder la vérité en face : j'ai fait le tour du sujet. Pourtant, depuis le début, je sais que mes années de voyage sont comptées, que je ne passerai pas toute ma vie avec un sac à dos, de canapé d'inconnus en canapé d'inconnus. C'est épuisant et je me lasse vite. Je suis quelqu'un qui a besoin de faire les choses à fond, d'aller jusque dans l'extrême à chaque fois avant de passer radicalement à autre chose. Quand je découvre une nouvelle chanson qui me plaît, je l'écoute jusqu'à m'en donner la nausée, puis je la range dans un coin et je ne la ressors plus jamais. Un jour, il en sera de même pour les voyages. J'en aurai marre, je me poserai quelque part et je me trouverai une autre passion dans laquelle m'investir à l'extrême. Et ce jour-là approche. Mais pour le moment, je refuse de le voir. Je n'ai qu'une obsession : trancher sur une nouvelle destination. Replonger dans ma routine de voyageur, celle qui me rassure, celle qui me donne un cadre de vie. Celle qui m'évite de rentrer chez mes parents et attendre que le temps passe, bêtement, en regardant une série ou un film que j'aurai oublié le lendemain matin.

Une chose est sûre, cependant : j'ai besoin de davantage de stabilité. De commencer à pouvoir me projeter au moins à moyen terme dans une même ville, comme j'aurais pu le faire à Battambang par exemple. Mais il me manque un signe. Quelque chose qui m'indique le chemin. J'ai la liberté d'aller partout, mais cette infinité d'options me paralyse. Je suis incapable de

« J'ai la liberté d'aller partout, mais cette infinité d'options me paralyse. »

choisir. Où aller quand, finalement, le choix de la destination m'indiffère totalement ?

Pour m'aider, je pourrais jeter une fléchette sur une carte du monde, ou bien me rendre à l'aéroport et demander à la guichetière « un billet pour le prochain vol, n'importe lequel » comme un gangster en fuite. Finalement, c'est une plaque d'immatriculation qui me permet de trancher sur mon sort. À mon retour d'Asie, à quelques kilomètres de Cherbourg, le covoiturage qui me ramène chez mon père se fait doubler par une voiture dont la plaque minéralogique indique la Norvège. Oslo, ma bonne vieille Scandinavie. Pourquoi pas, après tout ! Je connais déjà, c'est une ville à taille humaine, j'aime son ambiance. Il y a beaucoup de fans de metal, ce qui me facilitera les choses pour faire des rencontres et m'intégrer. Et je baragouine trois mots dans la langue, très proche du suédois. Tous les voyants me paraissent au vert. Alors en août 2014, je ressors ma vieille valise qui prenait la poussière dans un placard et j'achète un billet d'avion pour la Norvège avec la ferme intention de m'y installer quelques mois.

Comment (bien) choisir son lieu d'expatriation ?

Si vous rêvez de quitter la France pour démarrer une nouvelle vie à l'étranger, je vous conseille d'aller passer quelques semaines sur place, dans la ville qui vous intéresse, avant de décider de vous y expatrier. Mais n'y allez pas en tant que simple touriste, car il est facile d'apprécier un lieu pour son architecture, son eau turquoise ou sa cuisine raffinée. Allez-y dans l'optique de tester la vie locale au plus près de celle que vous auriez une fois expatrié.

Repérez s'il y a des cafés, des restaurants ou des activités qui vous plaisent. Si les gens ont l'air sympas et accueillants avec les étrangers. S'il y a une communauté internationale active, afin de vous faciliter l'intégration et les premières rencontres. Essayez de jauger de la qualité de vie réelle sur place en prenant le pouls auprès des gens que vous pourriez croiser. Et puis bien sûr renseignez-vous sérieusement sur l'état du marché du travail dans le cas où vous devriez y bosser comme salarié, aussi bien dans votre branche que pour des petits boulots si c'était nécessaire.

À mes yeux, il est vraiment important de procéder à cette vérification, car il y a une énorme différence entre passer quinze jours quelque part en vacances et tomber sous le charme des lieux, et s'installer réellement sur place, avec les longs mois d'hiver et le contact prolongé avec la population dans un cadre non touristique.

CHAPITRE 21

« D'Oslo à Oslo »

J'espérais que trancher sur ma destination m'aiderait à retrouver l'enthousiasme des nouveaux départs, mais je me trompais. Au moment de décoller pour la Norvège, c'est une forme de lassitude qui s'empare de moi. Je sais à quoi les prochains jours vont ressembler. Je vais débarquer à Oslo, retrouver mon hôte, faire quelques visites d'appartements, en choisir un, puis me greffer sur les événements Couchsurfing pour faire mes premières rencontres. Je vais potasser vaguement la langue pour être capable de refuser le ticket de caisse quand je passerai au supermarché et partager mes journées entre le travail et les sorties avec mes nouveaux amis. Ma routine pourrait faire envie aux gens coincés dans un bureau en zone industrielle de Charleville-Mézières, mais sur le moment, ça ne m'excite pas plus que ça. Pire : ça m'ennuie d'avance. J'ai l'impression d'avoir la flemme de me lancer dans le défi de cette installation norvégienne. Comme si les efforts requis pour faire mon trou et trouver ma place à Oslo étaient disproportionnés par rapport à la récompense obtenue. J'ai juste envie, je crois, de retrouver les différents amis que je me suis faits au cours de mes voyages, de les réunir dans une même ville et de profiter avec eux, tranquillement, sans devoir repasser par les étapes qui peuvent être excitantes les premières fois, mais qui sont clairement ennuyantes à force de les répéter.

Quand j'arrive à Oslo, j'ai l'impression de faire un bond dans le temps. De revenir en 2010, lors de mon premier voyage à l'étranger avec Manu et Fabienne, à l'époque où j'habitais encore en Normandie. J'étais bien loin d'imaginer tout ce que ce séjour allait déclencher. Le départ de mon travail, mes années à vadrouiller en sac à dos, et puis maintenant cette installation dans cette même ville, comme si je bouclais la boucle. D'Oslo à Oslo.

« J'étais bien loin d'imaginer tout ce que ce séjour allait déclencher. »

Dès ma sortie de la gare, je me repère comme si j'étais venu la veille. La ville n'a pas beaucoup changé, et mon voyage quatre ans plus tôt m'a tellement marqué que mon cerveau a enregistré, probablement pour toujours, le plan de l'hypercentre.

Une manif' a lieu sur le parvis et je me fraie un chemin à contre-courant de la foule en direction de chez Anders, trouvé *via* la plate-forme Airbnb. J'ai réservé trois nuits chez lui. C'est le temps que je m'accorde pour dénicher une chambre à louer, car contrairement à mes expériences en Suède et en Espagne, je n'ai pas cherché de location avant de venir.

Au moment où j'arrive à l'adresse indiquée, je reçois un SMS : Anders est retenu à son travail et me demande de l'excuser pour le retard. Ça commence mal. Il n'y a pas de café à proximité et je n'ai pas envie d'errer dans la ville avec tout mon chargement. Alors je m'assois sur ma valise et j'attends. Il arrive littéralement deux heures plus tard, terriblement gêné, et m'invite manger un morceau pour se faire pardonner. Je fais la connaissance d'un type souriant et enthousiaste à l'idée de m'aider dans mon projet d'installation.

Le soir même, je parcours en sa compagnie les petites annonces à la recherche de mon futur chez-moi, jonglant avec Google Traduction pour tâcher de comprendre correctement de quoi il s'agit. Première grosse désillusion : il n'y a pratiquement rien dans ma gamme de prix. La moyenne pour une chambre de dix mètres carrés en coloc', dans des quartiers proches du centre mais pas non plus en plein cœur de la ville, c'est entre huit cents euros et mille deux cents euros par mois. Oui, pour une chambre. Pour le même montant, en Normandie, j'ai une villa au bord de la mer, en Asie, un cottage sur une plage paradisiaque, et en Europe de l'Est, un duplex majestueux dans un bâtiment classé à l'Unesco. Je tente quand même de voir les chambres autour des six cents euros. Anders me prévient : il y en a très peu à ce tarif et elles s'arrachent comme des petits pains. Trois annonces retiennent mon attention. Toutes trois dans le quartier de Grønland, réputé pour être l'un des moins agréables d'Oslo. Bon. On tente quand même. J'envoie trois fois le même mail, détaillant mon profil et sollicitant un rendez-vous pour une visite. Première annonce, pas de réponse. Deuxième annonce, réponse cinglante : « Désolé, on ne loue qu'aux Scandinaves. » La dernière est la bonne : on me répond gentiment qu'il y a justement une visite d'organisée le lendemain midi et j'y suis convié.

Quand j'arrive sur place, outre le côté glauque et triste du quartier, je découvre que l'on est quatre sur le coup. La chambre, qui ressemble davantage à un croisement entre couloir et cagibi, mesure sept mètres carrés. On ne tient pas tous dedans en même temps. Quand je me positionne au centre de la pièce, je touche les murs opposés en écartant les bras. Le lit a des barreaux de part et d'autre, comme ceux des hôpitaux d'antan, et j'entends les ressorts grincer avant même de m'être installé dedans. Le reste de l'appartement est au diapason : cinq chambres au total, pas de salon (enfin, il y en avait un, mais ils y ont mis un lit), une salle de bains minuscule où j'imagine déjà les embouteillages pour la douche matinale, et une cuisine qui donne envie de tout sauf de cuisiner. Seul point positif : les colocs ont l'air sympas et avenants.

En repartant, je tâche de me dépêtrer mentalement de la situation. Je n'ai clairement pas envie d'aller vivre là-dedans, mais j'ai beau actualiser les sites de petites annonces, aucune nouvelle offre n'a fait son apparition. Et à cinquante euros la nuit sur le canapé d'Anders, j'ai intérêt à me décider vite. Alors mon plan est simple : je prends la chambre, en espérant qu'aucun autre candidat n'ait donné suite dans l'intervalle, et dès la première minute où je poserai mes fesses sur ce lit déglingué, je commencerai à chercher ailleurs. De toute façon, pour le moment, c'est ça ou rien.

Je suis le premier à donner une réponse positive à la propriétaire. Elle me transmet le bail par mail et je prends le temps de le lire attentivement, comme à chaque fois que je dois signer un bout de papier. C'est la stupéfaction. Je réalise que je m'engage pour six mois incompressibles, que le préavis de départ est de trois mois et que je dois me charger de trouver moi-même mon successeur. C'est la goutte d'eau. Un quartier pourri ? Pourquoi pas. Une chambre de la taille d'un cabinet de toilette ? Acceptable. Six cents euros de loyer et bouffer des pâtes du matin au soir pour ne pas me retrouver dans le rouge ? Tolérable à très court terme. Mais six mois là-dedans, avec l'hiver qui approche doucement ? Hors de question si je veux éviter de finir en dépression. Je refuse de signer le contrat, et faute d'autres pistes sérieuses, je file noyer mon chagrin au Rock In, mon bar préféré d'Oslo.

J'y rencontre une Italienne expatriée depuis quelques années. Elle me raconte qu'elle a mis deux semaines pour trouver un job de serveuse, mais deux mois pour une chambre à louer. C'est cette discussion qui me conforte dans ce que je commençais à pressentir. Ma volonté de m'installer en Norvège n'est pas suffisante pour que j'y claque le tiers de mes économies en nuits d'hôtel tout en passant mes journées à actualiser les sites de petites annonces immobilières. Je prends ma décision : je pars. Le soir même, je suis sur le site de Ryanair et je réserve ma place sur un Oslo-Beauvais prévu pour le surlendemain, ce qui me laisse une journée pour visiter les coins de la ville que je ne connais pas encore. Moins d'un an plus tard, je reviendrai en Norvège, mais cette fois pour rendre visite à ma petite sœur Aurélie, fraîchement expatriée pour le travail à Stavanger, charmante bourgade entourée de fjords majestueux, et effacer le souvenir amer de cette installation avortée.

Avec le recul, je sais que j'aurais dû me préparer différemment. Ou, en fait, juste me

> « Avec le recul, je sais que j'aurais dû me préparer différemment. »

préparer tout court. Et ne pas arriver la fleur au fusil en me disant : « Ça a toujours marché partout où je suis passé, pas de raison que ça change. » J'aurais dû, par exemple, faire le tour des sites de petites annonces avant de me rendre sur place, histoire de m'assurer qu'il existait une offre dans mon budget. Prendre des contacts en amont. Tâcher d'arriver à Oslo avant la masse d'étudiants Erasmus qui ont avalé, dès début juillet, toutes les chambres en coloc' qui auraient pu me convenir. Et surtout, malgré mon amour pour la Scandinavie, admettre dès le départ que ce pays fait partie des rares à être hors budget pour du long-terme, pour ma bourse, et par rapport à mes attentes. La Norvège, oui, mais pas à n'importe quel prix. Pas si je dois mettre mon bien-être en suspens. Vivre dans un clapier à lapins, ça passait quand j'étais étudiant fauché, ou au début de mes voyages. Mais aujourd'hui j'ai vingt-sept ans, et sans forcément m'être embourgeoisé, j'ai quand même une certaine attente en termes de confort de vie.

Dans l'avion qui me ramène à Beauvais, mes interrogations sur mon avenir refont surface, inévitablement. Où aller ? Que faire ensuite ? Il manque quelque chose à ma vie pour être totalement en équilibre, mais je n'arrive pas à mettre le doigt dessus. Le besoin de stabilité est de plus en plus fort et je ne me sens pas épanoui dans mes relations aux autres, trop éphémères pour moi désormais. Or je cherche une solution géographique à un problème qui est, je finis par le

> *« Je cherche une solution géographique à un problème qui est, je finis par le comprendre, principalement humain… »*

comprendre, principalement humain. Mais comment corriger le tir si ce n'est en trouvant un endroit où poser mon baluchon pour quelque temps ? Je sens au fond de moi que je dois passer à autre chose, clôturer ce chapitre « nomade » de ma vie et m'investir dans un nouveau projet qui prendra le relais, mais je ne vois pas vers quoi me tourner. Alors le choix se fait par défaut : je reste en terrain connu et je repars en voyage, en pilote automatique, sans prendre particulièrement de plaisir. Juste parce que le temps passe et qu'il me faut bien faire quelque chose de mes journées.

CHAPITRE 22

« Après avoir tout déconstruit, je commence à rebâtir »

En voulant échapper au salariat, j'ai quitté tout ce qui ressemblait de près ou de loin à la moindre trace de stabilité. Je voulais effacer toute forme de routine de mon quotidien, mais, sans m'en rendre compte, aveuglé par le dégoût du CDI, j'ai aussi retiré de nombreux éléments qui me plaisaient. Pouvoir m'inscrire dans un club de sport et y évoluer sur une année entière. Faire durer des amitiés ou des histoires de cœur au-delà de quelques jours. Investir un lieu et y apporter ma touche personnelle en décoration et en souvenirs. Des petites choses qui, au bout de ces quatre années de voyage, commencent à me manquer réellement.

Après avoir tout déconstruit, j'ai commencé à rebâtir. En 2012, j'ai remodelé ma vie professionnelle en remplaçant le salariat par ma double activité de conseils en communication et de blog de voyage.

À partir de la fin 2014, je voyage de plus en plus souvent accompagné par des amis ou des connaissances croisés sur la route que j'aspire à intégrer de façon plus durable dans mon quotidien. Je retourne même régulièrement, désormais, voir des lieux qui m'ont plu et que j'ai envie de faire découvrir à mon entourage. Je vais en Espagne avec Virginie, en Croatie avec Charles, en Suède avec Caroline, en Norvège retrouver Aurélie. Mon obsession n'est plus de voir le monde à tout prix, mais de passer du temps de qualité avec des gens que j'apprécie.

« Mon obsession n'est plus de voir le monde à tout prix, mais de passer du temps de qualité avec des gens que j'apprécie. »

L'été 2015, je m'offre un tour de France, passant d'une ville à l'autre pour dire bonjour aux têtes connues et entretenir le lien. Je m'arrête à Lyon, chez Chloé, rencontrée au Cambodge. Je suis admiratif de son parcours. Chloé est amoureuse de l'Inde, de Calcutta en particulier. Depuis presque sept ans, elle y passe plusieurs mois chaque année et partage le reste de son temps entre la France, pour voir ses parents et ses amis, et le reste du monde. Elle n'est ni complètement expatriée ni vraiment nomade, mais quelque part entre les deux. Elle travaille comme traductrice free-lance – d'où son anglais absolument parfait qui m'avait bluffé lors de notre rencontre – et ça me fait du bien, aussi, de pouvoir discuter avec quelqu'un qui connaît la difficulté de travailler en voyageant. Bien que l'on ne fasse absolument pas le même métier, j'ai l'impression de trouver là une consœur qui peut comprendre réellement le quotidien de ma vie professionnelle, ce qui reste extrêmement rare parmi les gens que je côtoie.

Cette année-là est différente pour Chloé. Je ne la retrouve pas chez ses parents, où elle avait l'habitude de revenir entre deux voyages, mais dans un petit appartement du quartier de la Guillotière, tout près du Rhône.

«Ne fais pas attention au désordre, c'est un vrai chantier ici!» me dit-elle en ouvrant la porte et en s'effaçant pour me laisser passer. Un monticule de cartons obstrue le couloir de l'entrée et une odeur de peinture flotte dans l'appartement. Cette fois, son retour à Lyon n'est pas provisoire. Chloé ne repartira pas en Inde : elle a décidé de revenir vivre en France. Elle a trouvé un boulot dans son domaine et commence le mois prochain. C'est un énorme changement, et forcément, c'est le principal sujet de nos conversations. Comment revenir à la «vie normale» après plusieurs années de vie si anormale? Qu'est-ce qui a pu motiver un tel bouleversement? Nos discussions commencent tôt et finissent tard, entrecoupées de petits plats indiens généreusement épicés.

« Comment revenir à la "vie normale" après plusieurs années de vie si anormale ? »

Comme toujours, il y a beaucoup de sagesse et de recul dans ses propos. Chacun de ses mots fait écho à mes propres réflexions. Elle aussi ressentait ce manque de continuité dans les relations humaines, se lassait de l'éphémérité des rencontres et avait envie de bâtir quelque chose de plus durable, au même endroit. Professionnellement, aussi, l'incertitude du travail indépendant lui pesait sur le moral. L'impression de ne jamais réellement décrocher du boulot, toujours à portée de mail, toujours dans un coin de la tête, même devant la Grande Muraille de Chine ou sur une île paradisiaque de Malaisie. Peu de gens parmi ceux que j'ai rencontrés ont pu réellement comprendre ce qu'implique le fait de travailler en voyageant : la plupart des personnes que l'on croise sont en vacances et ont du mal à imaginer que ce n'est pas notre cas. Or, pour nous, avec notre activité professionnelle qui se balade en permanence dans notre sac à dos, voyager n'est pas synonyme d'être en vacances. Je sens le soulagement de Chloé de pouvoir se confier à moi sur ce sujet, de trouver une oreille compréhensive. À mon tour, je lui fais part de ma lassitude, de mes sensations paradoxales entre le besoin de renouveau permanent et l'envie de bâtir des choses plus durables. De mon envie de poser mon baluchon mais de mon incapacité à choisir un lieu.

Je lui demande pourquoi elle a choisi Lyon et pas l'Inde ou ailleurs. Sa réponse est tout en candeur :

« Bah parce que je suis d'ici, j'ai toute ma vie ici, c'est chez moi. »

Face à mon silence, elle ajoute en souriant :

« Reste ouvert à ta Normandie. »

Fin août, comme entre chaque voyage, je rentre à Cherbourg passer du temps avec mes proches. Il y a, près de chez mon père, un endroit que j'affectionne particulièrement. Un petit port de pêche où le temps n'a pas de prise. Je vais m'y ressourcer à chaque retour, souvent seul. La mer m'aide à calmer mes pensées tumultueuses. Ces maisons en pierre, autrefois habitées par des pêcheurs, semblent être là depuis toujours et avoir résisté à toutes les tempêtes. Je m'assois sur un banc et je regarde les vagues faire danser les barques en cadence.

Perdu dans mes pensées, c'est à peine si je la remarque. Un sourire, un bonjour, elle passe. Puis elle revient.

« Excusez-moi, vous êtes de la région ? »

C'est une petite brune habillée en randonneuse. Elle suit le sentier du littoral et cherche des infos sur les endroits à voir dans les environs. Je la renseigne et on se met à discuter. Elle vient de Paris où elle travaille comme infirmière. Elle profite d'un week-end de libre entre deux gardes pour venir respirer le grand air de la côte normande.

« J'adore la sensation du vent et de la pluie, me dit-elle. Ça me fait me sentir vivante. »

On parle de nos voyages et on se rend compte que l'on était à Battambang, au Cambodge, à la même période l'année précédente. On s'étonne de la coïncidence, on essaie de retrouver les dates exactes de nos séjours respectifs, de se rappeler le nom de nos hôtels pour voir si on aurait pu s'y croiser. Puis on dévie sur le plaisir de découvrir des destinations inconnues, sur l'adrénaline que procure le voyage en solitaire, sur le sens que l'on cherche à donner à nos vies. Le temps est comme suspendu pendant notre conversation. Soudain, on réalise qu'il s'est mis à pleuvoir. Je lui propose de nous retrouver le lendemain pour lui faire découvrir le cap de La Hague, le plus bel endroit de mon petit coin de Cotentin. Elle accepte avec un grand sourire. Au moment d'échanger les numéros, je me rends compte que l'on ne s'est toujours pas présentés.

« Au fait, quel prénom je rentre dans mon téléphone ? »

Nos regards se croisent et le temps s'arrête. Ses yeux pétillent.

« Je m'appelle Delphine. »

CHAPITRE 23

« Ma vie est sur pause »

Si un savant fou m'avait proposé de me fabriquer sur mesure la femme parfaite pour m'accompagner dans la vie, je l'aurais certainement demandée suédoise, blonde et travaillant sur internet pour pouvoir m'accompagner partout. Or Delphine est tout le contraire : parisienne, brune, en CDI, et dont les voyages se font plus avec la carte Navigo qu'avec Ryanair.

Pendant les mois qui suivent notre rencontre, ma vie est partagée entre la Normandie où j'aide mon père à retaper la maison de mon grand-père, à l'abandon depuis son décès, et la banlieue parisienne où vit Delphine.

Moi qui rêvais d'aventure à l'autre bout du monde, je me retrouve à descendre du RER E à Noisy-le-Sec. À chaque fois que je débarque du train bondé dans cette gare glauque entourée d'immenses blocs de béton censés être des habitations, je suis partagé entre la joie de la rejoindre et l'abattement complet de me retrouver dans cet univers apocalyptique. J'ai l'impression d'entrer dans une dimension parallèle où je deviens transparent. On me frôle, on m'évite, on me contourne, mais on ne me regarde pas. Jamais une amorce de sourire. Jamais une parole prononcée. Ça grouille

« On me frôle, on m'évite, on me contourne, mais on ne me regarde pas. »

d'humains, mais il n'y a pas une once d'humanité dans ce tourbillon incessant de gens qui vont et qui viennent. J'observe leurs allées et venues avec un détachement total, comme si je n'existais pas. Ma vie est sur pause. Jusqu'à ce que j'aperçoive son visage et son sourire radieux qui me font immédiatement oublier tout le reste. Plus de fjords, plus d'expatriation, plus de voyage, plus de plages paradisiaques. Juste elle et moi. Pour deux, trois jours. Comme une parenthèse enchantée pendant laquelle on prend le temps de se découvrir et façonner les prémices de notre petit univers.

Dès notre rencontre, le courant passe à merveille. On a l'impression de se connaître depuis toujours, de se comprendre rien qu'en plongeant le regard dans celui de l'autre. D'être connectés profondément, intimement. Mon quotidien est fait de fleurs multicolores et de ciel bleu alors qu'autour de moi tout est gris, sale, triste à mourir.

Mon mode de vie l'intrigue. J'apparais comme un ovni dans son environnement, son entourage étant plus que jamais empêtré dans la course éternelle du métro-boulot-dodo. Elle rêve de quitter Paris et de vivre une vie d'aventure, mais elle en rêve comme d'autres de gagner au loto ou de devenir une star de la télé. Comme une princesse du preux chevalier qui l'enlèvera au mariage promis à un vieux baron boutonneux. D'une manière qui ne se transformera jamais en un projet

« Elle rêve de quitter Paris et de vivre une vie d'aventure, mais elle en rêve comme d'autres de gagner au loto ou de devenir une star de la télé. »

concret, avec des échéances et un plan d'action, pour en faire un objectif.

Quand je lui demande simplement : « Pourquoi tu ne pars pas ? », je la sens perdue. Comme si quitter Paris ne faisait pas partie des options possibles. Comme si elle était condamnée à rester là, dans son petit appartement de banlieue, à enchaîner les gardes jusqu'à ce que mort s'ensuive.

« Cela fait trente ans que je suis ici, tu sais..., me répond-elle, comme si cela pouvait justifier tous les malheurs.

– Justement, ce n'est pas parce que tu es malheureuse maintenant que tu dois te condamner à le rester pour encore trente ans ! »

On ne réabordera pas le sujet pendant un moment, mais j'ai, sans le savoir, semé une graine dans son esprit.

Au début, j'essayais de convaincre chaque personne croisée de tout quitter pour partir en voyage. Je me suis tellement épanoui dans ce mode de vie que cela aurait été égoïste de ma part de conserver un tel bonheur tout seul dans mon coin et de ne pas en faire profiter le reste du monde. Mais ma carrière de prophète n'a pas duré longtemps : je me suis vite rendu compte que ce n'était pas ce dont la plupart des gens avaient besoin, ni même envie. En général, ils aspirent plutôt à l'inverse : trouver de la stabilité, s'inscrire dans la durée, dans une carrière, une relation ou un lieu. Quand je réalise ça, j'arrête net de titiller le moindre humain qui me passe sous la main à coups de « tu devrais essayer, c'est génial », pour me contenter de répondre aux questions des plus curieux. Ou éventuellement donner quelques conseils si je sens vraiment que la personne a envie de se lancer aussi, mais rien de plus.

Avec Delphine, c'est pareil : je ne veux pas l'inciter à partir ou à changer quoi que ce soit à son quotidien. Elle a sa vie à Noisy-le-Sec, son CDI, ses contraintes. Et comme ma liberté me permet de m'adapter facilement, c'est moi qui fais le caméléon et qui modifie mes habitudes pour m'insérer dans son univers. Mais elle me parle tellement de son besoin vital de quitter la région parisienne, de ses envies d'aventures en sac à dos, que le moindre temps libre, le moindre jour de congé est employé à partir en vadrouille ensemble. Souvent, elle ajoute des heures à rattraper et des congés sans solde, ce qui nous permet de partir si longtemps que ses collègues lui font régulièrement la remarque : « Mais tu es toujours en vacances, toi ! », ou « On croyait que tu ne bossais plus ici. » Qu'importe : à chaque opportunité, elle fuit Paris, son bruit, sa pollution. Elle échappe à son quotidien fait de barres d'immeubles, de RER et de nuits blanches dans son service à courir après les malades. Et elle s'immerge un peu plus dans mon mode de vie fait de voyages en sac à dos, de chambres chez l'habitant et d'exploration de contrées inconnues.

Quelques options pour voyager plus souvent

Quand on a été mordu par le virus du voyage, les quelques semaines de congés payés que l'on nous accorde chaque année peuvent sembler bien maigres pour explorer le monde. Si vous voulez voyager plus souvent ou plus longtemps, il y a plusieurs options, de la plus simple à la plus extrême, pour assouvir votre besoin.

Vous pouvez tout simplement prendre des congés sans solde de temps en temps, afin d'ajouter un jour ou deux par-ci par-là, parfois couplés à des RTT, des congés classiques ou des ponts. Vous pouvez aussi demander à réduire votre temps de travail, par exemple en négociant un quatre-vingts pour cent avec votre patron, et obtenir un aménagement de vos horaires afin de vous libérer, au choix, une journée par semaine, une semaine par mois ou un mois par an. Ainsi vous bénéficierez de périodes sans travailler à différents moments de l'année tout en conservant votre job. Dans certains secteurs, notamment la fonction publique, vous pouvez aussi prendre une disponibilité et vous offrir une année sabbatique : ça vous ouvre une belle parenthèse d'un an pour, par exemple, effectuer un tour du monde en sac à dos, vivre une expatriation, ou tester une idée d'entreprise, tout en ayant la certitude de retrouver votre poste à votre retour. Une diminution de vos heures travaillées signifiera forcément un salaire moins élevé à la fin du mois, mais voyez ça comme si vous rachetiez à votre patron un peu de votre propre temps libre pour effectuer des activités qui vous plaisent vraiment, et vous offrir ainsi une vie plus équilibrée et plus épanouie.

Il existe d'autres options selon les domaines et les secteurs d'activité, comme alterner les CDD ou les missions en intérim et partir en voyage sur les périodes creuses. Ou passer en télétravail et pouvoir bosser aussi bien de chez vous que de l'autre bout du monde. Ou encore, si vous n'êtes pas du genre à faire dans la demi-mesure, vous lancer comme indépendant et travailler sur internet, comme je l'ai fait.

Toutes ces idées sont à adapter selon votre domaine d'activité, votre métier, les facilités à trouver du boulot, votre entente avec votre patron, et pas mal d'autres paramètres, mais ça peut valoir le coup d'y réfléchir.

Notre premier beau voyage est un road-trip hivernal à travers la Roumanie. On découvre un pays rural, aux habitants adorables et chaleureux, curieux d'aller à la rencontre de ces deux Français déambulant le nez en l'air dans les rues de leurs villages malgré des températures polaires (une pointe à – 18 lors de notre visite de Brașov). À Alba-Iulia, au cœur de la Transylvanie, je repère un type aux cheveux longs arborant fièrement un tee-shirt de Black Sabbath essayant de prendre en photo sa compagne devant les fortifications de la citadelle. En passant à côté, je réalise qu'ils parlent français et je leur propose de les prendre en photo ensemble. On échange quelques banalités et on se souhaite un bon séjour avant de reprendre nos chemins respectifs. Le lendemain, au détour d'une ruelle dans la magnifique ville de Sibiu, à soixante-quinze kilomètres de là, on tombe littéralement les uns sur les autres. C'en est trop : on décide d'aller boire une bière au chaud et de faire connaissance. Daniel est affable, grande gueule presque, tandis qu'Anne-Marie est plus discrète, réservée. Lui est musicien, bassiste dans un groupe de metal, et elle travaille comme aide-soignante. Ils forment un couple étonnant, mais à la façon dont ils se regardent, on sent que l'amour brûle entre eux comme au premier jour. Ils approchent de la retraite, mais ils ont encore vingt-cinq ans dans leur tête et on se trouve de nombreux points communs au-delà de la musique et des voyages. En ressortant du bar, alors que la neige s'est mise à tomber et a drapé de son manteau blanc les attributs médiévaux de Sibiu, Daniel s'approche de moi et, dans un souffle teinté d'une forte odeur de bière, me dit : « Vous devriez vivre ensemble, tous les deux ! »

Pour un jeune couple, le voyage agit comme un révélateur. Il y a une énorme différence entre se voir quelques heures le temps d'un verre ou d'un dîner en tête à tête, où on peut se montrer sous son meilleur jour et cacher sous le tapis tout ce qui risquerait de déplaire, et passer deux semaines non-stop ensemble dans un pays inconnu, sans autre repère que son compagnon de voyage. Sur la route, le moindre défaut de l'autre saute aux yeux, et la romance peut voler en éclat aussi vite qu'elle est apparue. Sans parler forcément de couple, j'ai voyagé avec beaucoup de monde ces dernières années. Des gens avec qui le courant passait merveilleusement le temps d'une soirée ou deux, qui ont choisi de m'emboîter le pas dans mes aventures, mais dont les petites manies de tous les jours se sont vite mises à me taper sur les nerfs, me faisant systématiquement revenir à ma solitude et à mon quotidien sans compromis. Je n'ai jamais pu tenir plus que quelques jours avec la même compagnie, mais avec Delphine, c'est différent. Chaque seconde qui passe est plus intense que la précédente. Chaque minute avec elle me donne envie d'en passer une supplémentaire. Son énergie et sa bonne humeur permanente m'émerveillent autant que les paysages enneigés que l'on découvre ensemble sans se lâcher la main un seul instant. À notre retour, notre complicité est plus forte que jamais et je n'ai qu'une envie : repartir avec elle. On passe pratiquement un mois complet ensemble sans interruption au début de l'année 2016, à peine cinq mois après notre rencontre. Dans ma tête, je coche la case : elle a réussi le test du voyage à deux. Je repense à ce que m'a dit Daniel, quelques semaines plus tôt. Il a peut-être raison, finalement. On pourrait essayer de vivre ensemble. Mais pourquoi vivre dans un appartement en banlieue parisienne alors que le monde nous tend les bras ?

C'est sous le soleil de Sardaigne, sur une plage de galets à proximité du village de Santa Maria Navarrese, qu'elle prend sa décision. Ce jour-là, notre journée est simple et belle. Un petit déj' fait de tartines et de jus d'orange frais sur le balcon de notre location, une rando dans des paysages majestueux rappelant la Corse et un pique-nique sur la plage avant le crépuscule.

« Si ce n'est pas ça, la journée idéale, on n'en est pas loin », me dit-elle, en contemplant les reflets orange du soleil descendant sur l'horizon.

Je lui prends la main en guise de réponse. Elle se tourne vers moi et me fixe de son regard intense et mélancolique.

« Je vais le faire. On va partir ensemble. »

De quel changement avez-vous vraiment besoin ?

Quel que soit le chemin que l'on prend dans la vie, même quand on voyage sac au dos autour du monde ou que l'on s'expatrie dans un pays inconnu, on finit toujours par retrouver dans son quotidien des éléments anodins : manger, dormir, se promener, parler avec des gens, avoir une activité professionnelle... Et ce sont ces moments-là qu'il est important d'apprécier suffisamment pour accepter de les voir se reproduire chaque jour sans se lasser.

Pour préparer votre changement de vie et être sûr de partir dans la bonne direction, je vous propose ce petit exercice. Il s'agit de répondre à la question : « Si je devais répéter la même journée à l'infini, à quoi je voudrais qu'elle ressemble ? » L'idée, c'est de vous dessiner une routine simple et belle que vous pourriez vivre chaque jour avec toujours autant de plaisir. Donc pas d'événements uniques ou extraordinaires du type « je saute en parachute » ou « j'escalade le Kilimandjaro », contentez-vous de choses simples, presque banales.

Une fois votre journée idéale dessinée, vous pouvez décliner la question sur d'autres durées : la semaine, le mois et l'année idéaux. Et dans ces laps de temps plus importants, là vous pourrez intégrer des événements réellement extraordinaires, uniques, qui ne peuvent être répétés que très occasionnellement.

Répétez l'exercice régulièrement au cours de votre changement de vie : ça vous aidera à donner un cap à vos actions et vous évitera de dévier de la trajectoire censée vous apporter la vie dont vous rêvez.

CHAPITRE 24

« Désormais, on fait la route à deux »

En juin, on traverse tout le Royaume-Uni avec la vieille C3 de mon grand-père, le coffre chargé de sacs de patates et de packs de bière, pour un road-trip féerique au cœur des Highlands écossaises. On loue un cottage dans l'un des endroits les plus apaisants que j'ai vus de ma vie, au bord du loch Alsh, avec un panorama imprenable sur le château d'Eilean Donan. Ces deux semaines au bout du monde, dans ces vallées glaciaires et ces collines couvertes de bruyères, ont des allures de calme avant la tempête. À notre retour, Delphine se lance dans un chantier titanesque : quitter son boulot, vider son appartement et trouver un locataire pour autofinancer son crédit immobilier. Et comme si ce n'était pas assez complexe, elle se donne le défi de tout faire avant la fin du mois d'août, date de notre anniversaire de rencontre.

On a pris notre décision, on va vivre ensemble. Mais pas dans son appartement : on va partir en voyage, le sac sur le dos, et vadrouiller en Europe de l'Est, cette partie du monde qui nous fascine tous les deux. Pas de grand changement pour moi, puisque même pendant cette année plus calme en termes de voyages je n'ai pas repris le moindre ancrage physique : ma vie tient toujours dans mon sac à dos et mes affaires importantes sont toujours stockées chez mes parents. Ce départ à deux, c'est pour moi une simple formalité : on achète le même billet d'avion et on se promène ensemble dans des pays méconnus, rien de plus. Mais pour elle, c'est une autre histoire. Elle a accumulé une quantité phénoménale d'objets pendant ses dix années dans son appartement, rempli de souvenirs aussi bien émotionnels que matériels. Elle passe un temps fou à faire du tri, remplir des cartons, jeter des babioles, et se faire poser des lapins par des vrais-faux acheteurs de Leboncoin. Je ne sais sincèrement pas comment elle tient pendant cette période. L'épuisement creuse des cernes noirs sous ses yeux. Elle gère les résiliations en tout genre et les visites pour trouver son futur locataire en jonglant avec ses dernières semaines au travail, ses horaires éreintants et son rythme effréné. Je ne peux guère l'aider autrement qu'en la soutenant moralement. À peine rentrée de garde, elle s'effondre sur le canapé au milieu de son salon en friche, pour récupérer quelques forces pendant que je lui prépare un caviar d'aubergines ou une omelette aux poireaux, avant de se replonger dans les cartons.

J'étais loin d'avoir conscience de l'effet qu'aurait cette décision de tout quitter. Quand je me suis lancé, j'ai tout fait en aveugle, un pas après l'autre, sans savoir réellement vers quoi je me dirigeais, me laissant ballotter par les opportunités qui se présentaient et réagissant aux circonstances plutôt qu'en prenant les événements à bras-le-corps. En la voyant ainsi épuisée, je réalise le chantier monstrueux qu'implique un tel changement de vie. Je crains, plusieurs fois, qu'elle regrette de s'être lancée dans une telle aventure. Je culpabilise beaucoup, aussi, persuadé de lui avoir imposé sans le vouloir ma façon de penser, ma vision du monde, mon choix de vie. Mais jamais elle n'émet le moindre doute, le moindre reproche. Au contraire : plus son appartement se vide et, au-delà de la fatigue et du stress, plus elle entrevoit l'espoir d'un nouveau départ.

Un lundi matin, un camion de déménagement arrive devant chez mon père. Il est rempli à ras bord de meubles, de cartons, et de tout un tas de trucs que je n'aurais jamais pensé pouvoir tenir dans ses quarante mètres carrés. On doit mettre ça dans le garage. J'espère que tout pourra rentrer. Ces dernières années, la maison de mon père est devenue le point de rendez-vous des affaires de la famille. Mes disques, mes bouquins et mes fringues superflues y ont trouvé refuge. Depuis le début de l'année 2015, il y a aussi le bric-à-brac d'Aurélie, qui s'est expatriée en Norvège en y emportant le moins d'objets possibles, puisque sa boîte lui offre un logement déjà meublé. Et désormais, il va falloir réussir à caser les affaires de ma petite Parisienne. On passe la journée à faire un Tétris géant dans le garage, et quand le dernier carton trouve sa place et que la pyramide ainsi formée ne s'effondre pas, on pousse un long soupir de soulagement et on monte fêter ça en dégustant un délicieux poulet au curry cuisiné par mon père.

Peu de temps après, on est déjà de retour à Noisy-le-Sec. On a emporté nos sacs à dos car cette fois, les choses se sont concrétisées : on part pour Skopje, capitale de la Macédoine. Mais auparavant, une étape importante : elle me présente à sa famille lors d'un dîner au restaurant.

Delphine est secrète. Elle n'a pratiquement pas parlé de notre projet de voyage à son entourage. Cette soirée est aussi le moment de leur annoncer notre départ sans date de retour. Dire que j'appréhende cette rencontre est un euphémisme. Chaque minute qui nous rapproche du rendez-vous fait grossir la boule de stress qui s'est formée au fond de mon estomac. Malgré toutes ces années, quand je suis amené à fréquenter des gens qui ne sont pas sortis du droit chemin, celui du CDI et du métro-boulot-dodo, j'ai toujours cette impression au fond de moi d'être le vilain petit canard, celui que l'on va montrer du doigt et considérer comme un irresponsable. Je ressens une sorte de honte mélangée à de la culpabilité de ne pas être malheureux du choix que j'ai fait. Quand il s'agit simplement de gens de passage, ce sentiment se fait à peine ressentir et se dissipe rapidement. Mais quand il s'agit de personnes importantes et que je veux vraiment faire une bonne impression, alors il devient étouffant, presque paralysant, tant je me mets la pression.

Je me retrouve assis face à Matthieu, son petit frère qui a le même âge que moi – Delphine est de deux ans mon aînée. Il sort du travail et il en impose, avec son trench-coat, sa chemise parfaitement repassée et ses cheveux déjà grisonnants sur les tempes. Lorsque je pars en voyage, je raisonne davantage en termes pratiques qu'en termes d'élégances, et quand je me rends compte que toute sa famille est sur son trente-et-un tandis que je ne porte qu'un simple jean et mon tee-shirt estampillé «Göteborg», je me sens aussitôt relégué en deuxième division.

En tant que nouveau venu, je deviens rapidement le centre de l'attention. Les yeux de son frère, sa sœur, son père, sa grand-mère et les conjoints de chacun sont fixés sur moi, et un silence de cathédrale se fait à chaque fois que je dois prendre la parole pour répondre à des questions comme : «Et tu fais quoi dans la vie ?» Heureusement que je me suis entraîné depuis la soirée désastreuse à Lille quelques années plus tôt, et désormais, j'ai mes petites astuces pour rendre mon boulot compréhensible et acceptable par la majorité des gens. Le repas se passe bien même si je me sens rougir et suer à grosses gouttes dès que j'ouvre la bouche, moi qui suis pourtant devenu très à l'aise avec les inconnus à force d'en rencontrer tous les jours depuis des années.

«On ne rentre pas»

Alors que j'entame mon assiette de profiteroles, je croise le regard de Delphine. Le moment est venu de leur annoncer la nouvelle. Je me crispe au moment où elle prend la parole.

«Ça y est, on a acheté nos billets, on part demain pour la Macédoine.

– Ah super ! Et vous rentrez quand ?

– On ne rentre pas, on va voyager quelques mois comme ça, en sac à dos...»

Un ange passe. Je me sens terriblement coupable : je suis celui qui l'enlève à sa famille, à ses proches, à son travail.

«Mais... Et ton appartement... ?

– J'ai trouvé un locataire, c'est réglé.»

Ils ne s'attendaient clairement pas à une annonce comme celle-là, et les réactions mettent une seconde de trop à arriver pour que je les perçoive comme pleinement spontanées.

« Cool, on est contents pour vous !

– Tant que vous êtes heureux... »

On parle quelques instants de notre futur voyage, et puis la conversation bifurque rapidement sur un autre sujet. Je respire un peu mieux.

Des mois plus tard, sous les néons blafards d'un parking souterrain de banlieue, alors que l'on s'apprête à se séparer après un repas de famille, Matthieu confie à Delphine :

« Tu sais, sur le moment, on n'a pas compris pourquoi tu quittais ton CDI, ton appart', comme ça sur un coup de tête, pour partir avec un inconnu – ne le prends pas mal Jérém'. Tu avais tout pour être heureuse !

– Mais je ne l'étais pas ! C'est maintenant que je suis heureuse, que je m'épanouis réellement.

– Oui, on le voit et c'est pour ça que je te le dis maintenant : on s'est inquiétés pour toi à l'époque. On avait peur que tu fasses une connerie. Mais aujourd'hui, on comprend que c'est ce dont tu avais besoin. Il nous a fallu du temps pour accepter tes choix de vie, c'est tout. »

Annoncer son départ, mode d'emploi

Si vous craignez que votre entourage soit réticent à votre projet, évitez la confrontation sur le terrain des opinions : vous ne pourrez jamais convaincre tout le monde de voir la vie sous le même angle que vous. Essayez plutôt d'avoir une approche fondée sur votre bonheur personnel. Expliquez-leur que vous n'arrivez pas à vous épanouir dans votre mode de vie actuel, et que ce changement est salutaire pour vous sentir mieux dans votre peau, pour équilibrer votre vie.

Essayez aussi, en amont, d'anticiper les remarques et les objections qui pourraient survenir. Assurez-vous d'avoir toujours une réponse claire, concrète, détaillée à fournir, avec un maximum d'éléments terre à terre, afin de les rassurer et de leur prouver que vous avez sécurisé le projet sous tous ses angles, y compris celui qui inquiétera souvent votre entourage : l'aspect financier et matériel. Montrez, chiffres à l'appui, que votre projet tient la route, que vous avez concrètement planifié chaque étape jusqu'à son aboutissement.

Plus vous les rassurerez en leur montrant que vous maîtrisez ce que vous faites, plus ils auront tendance à vous faire confiance et à vous encourager. Mais gardez en tête que vous n'allez probablement pas obtenir l'approbation de tout le monde et qu'il faudra composer, malheureusement, avec les réticences plus ou moins prononcées de certains.

Le lendemain du dîner de présentation, je retrouve des éléments qui me sont familiers : aéroport, avion et atterrissage en terre inconnue. Une nuance de taille, tout de même : je ne suis plus seul. Désormais, on fait la route à deux.

Au bord du loch Maree, dans les Highlands, Écosse, 2016.

Le château d'Eilean Donan, Écosse, 2016.

Mostar, Bosnie, 2016.

Sur les rives du lac de Bohinj, Slovénie, 2016.

La rue Radićeva au cœur de Zagreb, Croatie, 2017.

Vue sur l'île de Prvić depuis celle de Krk, Croatie, 2017.

Cascade aux lacs
de Plitvice, Croatie, 2017.

La station balnéaire de Starigrad-Paklenica, Croatie, 2017.

Le parc de Zrinjevac, Zagreb, Croatie, 2018.

Avec Delphine dans les environs de Samobor, Croatie, 2018.

Dans le parc national du Connemara, Irlande, 2018.

Aux portes du désert, Mitzpe Ramon, Israël, 2019.

Aux abords du Red Canyon, Israël, 2019.

Le lac de Koruldi à Mestia, Géorgie, 2019.

Les monts du Caucase, Mestia, Géorgie, 2019.

Avec mon père dans mon potager, en Normandie, 2020.

Avec Delphine au lac de la Blanche près de Saint-Véran, 2020.

CHAPITRE 25

« Je m'habitue à la mentalité slave »

Nous voilà à Skopje, où de gros nuages lourds et sombres menacent constamment d'éclater en orage. Le centre-ville est un mélange de bâtiments soviétiques délabrés et d'architecture néoclassique à base de colonnes gigantesques, démesurées. Je n'y trouve pas spécialement de charme, mais il règne une certaine douceur de vivre qui n'est pas pour me déplaire. Notre appartement est idéalement situé à deux pas de la place centrale, cependant on découvre vite qu'une petite colonie de cafards a élu domicile dans la salle de bains. On prend bien soin de fermer nos sacs afin d'éviter qu'un intrus vienne se planquer dans une paire de chaussettes, et on tâche de passer le plus de temps possible à l'extérieur pour ne pas croiser nos colocataires indésirables trop souvent.

Une semaine après notre arrivée, on est réveillés à l'aube par une légère secousse. J'ouvre péniblement les yeux et je constate que le tableau en face du lit penche sensiblement sur sa gauche.

« C'était quoi ça ? me demande Delphine d'une voix endormie.

– Aucune idée… »

Je replonge aussitôt dans le sommeil, bien loin de réaliser ce qui vient de se passer.

L'après-midi, on se promène autour de l'Arc de triomphe en dégustant une glace quand le sol se met soudain à vibrer. Un grondement sourd monte des entrailles de la terre. Mes pensées se figent. Un tremblement de terre. Delphine m'attrape la main, elle est blanche comme un linge. Mon cerveau animal cherche un endroit où se cacher, mais mes jambes refusent de bouger. Je suis paralysé, tétanisé. Les secondes s'égrènent, terrifiantes, et puis bientôt le silence, aussitôt remplacé par une innombrable quantité de sirènes et d'alarmes de magasins qui résonnent dans toute la ville. Les gens se rassemblent spontanément dans les rues où, ici et là, des morceaux de béton se sont effondrés, des façades se sont fissurées. Chacun parle à ses voisins avec un sourire de soulagement, le visage encore pâle de la frayeur qui vient de les traverser. Ce soir-là, on est simplement contents d'être en vie et on célèbre ça dans un restaurant mexicain à coups de guacamole et de chili con carne.

« Les semaines passent, les villes défilent. »

Les semaines passent, les villes défilent. Orhid et son lac majestueux. Belgrade et ses habitants adorables. Sarajevo et son histoire unique. Puis Mostar, Dubrovnik, Kotor, Podgorica… Petit à petit, je m'habitue à la mentalité slave, à leur apparente froideur qui cache souvent un cœur énorme et des sourires francs dès que la glace se brise.

Dans les ruelles colorées de Ljubljana, romantique capitale de la Slovénie, je tombe sur une affiche annonçant qu'un de mes groupes préférés, Enslaved, se produit le soir même dans une salle qui se trouve littéralement au pied de notre appartement. L'occasion est trop belle pour que je la laisse passer. Pendant des années, j'ai fait une impasse sur ce loisir qui, pourtant, occupait une place importante dans ma vie d'avant. Pour moi, c'était le type d'événement réservé à la vie sédentaire, quand on peut planifier les spectacles auxquels on souhaite assister. Je n'avais même jamais pensé à me renseigner sur les possibilités de concerts dans les villes que je traversais.

À l'heure dite, on se présente au guichet, on achète nos précieux tickets et on pénètre dans la salle. La sensation est étrange : je n'ai pas l'impression d'être en voyage, juste d'être sorti de chez moi pour assister à un concert dans mon quartier. On se dirige vers le bar en quête d'un rafraîchissement avant le début du spectacle quand deux grands gaillards aux cheveux longs nous abordent, chacun une pinte à la main. Ils s'étonnent de nous entendre parler français dans cette zone périphérique de la ville et nous demandent si on vit à Ljubljana. On les détrompe, on papote cinq minutes, et on va s'installer tranquillement au premier rang, juste sous la scène, pour profiter d'une soirée exceptionnelle.

À la fin du concert, transporté par la musique magique d'Enslaved, je me rends compte à quel point ce genre d'événement pourtant si simple m'avait manqué, et je me surprends, déjà, à attendre le prochain avec impatience.

Le lendemain matin, on achète quelques fruits à l'épicerie au pied de notre immeuble. En m'entendant parler avec Delphine, l'épicier nous interpelle en français.

« Ah vous êtes français ! Vous habitez ici ? »

Décidément !

« Non, on est juste de passage, mais on aime beaucoup Ljubljana ! »

D'origine marocaine, il nous confie adorer la Slovénie et ses habitants d'une gentillesse rare, et pour rien au monde ne regretter son installation dans ce pays.

En le quittant, je repense à ma sensation de la veille au soir. À mon impression d'habiter ici. Je me demande à quoi pourrait ressembler la vie en Slovénie.

La fatigue accumulée depuis le début du voyage se fait ressentir, et à force d'entendre le mot « expatrié » dans la bouche des gens, on se dit que ça pourrait être sympa de rester plus longtemps au même endroit, d'investir davantage les lieux qu'en y passant seulement quelques jours. Et depuis mon installation avortée à Oslo, j'ai toujours ce besoin de remettre un peu de stabilité dans ma vie, même si cette sensation s'est estompée depuis ma rencontre avec Delphine.

En passant devant l'office de tourisme, une idée me traverse l'esprit. J'entre demander à l'agent d'accueil s'il connaît le « Leboncoin » local, afin de jeter un œil aux petites annonces. Il griffonne l'adresse d'un site web sur un Post-it, me le tend, et on sort se poser sur un banc pour regarder les appartements tranquillement. On est vite refroidis par les tarifs des locations : Ljubljana est une ville chère. On décide de ne pas donner suite à cette idée farfelue et on passe le reste de la journée à flâner le long de la rivière qui traverse la capitale slovène. Le soir, on s'offre un dernier restaurant avant de passer à la suite de notre périple : Bohinj et son lac aux couleurs automnales, exactement ce qu'il nous faut pour nous ressourcer au calme après plusieurs semaines successives dans des villes animées. On passe trois jours paisibles à randonner le long du lac de Bohinj, puis, revigorés par ce séjour dans la nature sans croiser personne ou presque, on reprend la route. Direction Zagreb.

CHAPITRE 26

« Sous le charme de Zagreb »

L'arrivée dans la capitale croate est décevante. Les faubourgs de Zagreb sont constitués d'interminables boulevards rectilignes, bordés de barres d'immeubles et de parkings mal éclairés. Notre bus finit par nous déposer à la gare routière, et on décide de marcher jusqu'à notre Airbnb, histoire de traverser des quartiers que l'on ne verrait pas en suivant les sentiers touristiques classiques. Comme souvent en ex-Yougoslavie, les façades sont taguées, élimées. Beaucoup trouvent ça laid mais, à force de vadrouiller dans les pays de l'Est, j'ai appris à y voir une certaine authenticité non dénuée de charme. On croise peu de monde dans les rues, seulement quelques personnes âgées qui promènent leur chien. La ville a beau ne pas paraître très engageante au premier regard, j'y ressens tout de même de bonnes ondes, et je m'y sens aussitôt à l'aise.

Melita, notre hôte, nous accueille avec le sourire et prend le temps de nous indiquer les lieux d'intérêt touristique, les restaurants à tester, les coins de la ville à découvrir. On dépose nos affaires dans le studio et, aussitôt, on ressort en direction du centre historique, espérant y trouver plus d'attrait que dans les rues que l'on vient de parcourir.

Alors que l'on s'approche de la place principale, l'environnement se transforme. D'élégantes façades austro-hongroises remplacent bientôt les bâtiments austères de l'époque communiste. Des parcs délicatement entretenus succèdent aux terrains vagues et aux parkings. Des petites boutiques de charme font leur apparition, ainsi que des cafés animés aux intérieurs cosy et chaleureux. Des hommes et des femmes habillés avec goût se mêlent et s'entrecroisent. Bientôt, les terrasses chauffées des rues piétonnes se remplissent de gens qui retrouvent leurs amis après le travail pour s'envoyer une pinte avec le sourire avant de rentrer chez eux.

À la nuit tombée, de discrets réverbères illuminent la ville d'une ambiance romantique que je n'imaginais pas quelques instants plus tôt. L'atmosphère de Zagreb me rappelle celle d'un Paris que je n'ai pas connu et que je fantasme peut-être un peu, celui des années 1960, des films de Truffaut et de Sautet. En quelques heures à peine, on tombe complètement sous son charme.

« Tu veux qu'on visite des apparts ? »

La question de Delphine me surprend. Depuis notre rapide discussion à Ljubljana, on n'a jamais reparlé du fait de s'installer.

Elle continue :

« Ça pourrait être une façon originale de découvrir les différents quartiers de la ville. »

J'acquiesce.

On passe la journée du lendemain à la recherche d'une agence immobilière tout en explorant les quartiers proches du centre, mais en vain. On s'en étonne : en France, il y en a tous les cinquante mètres, même dans les petites bourgades au fin fond de la Creuse. Au moment de passer devant l'Institut français de Zagreb, je tente ma chance à l'intérieur et je demande à la jeune femme à l'accueil de nous aiguiller. Elle nous file un nom et une adresse à deux rues d'ici, et on s'y rend. Normal que l'on n'ait pas trouvé : elles n'ont pas pignon sur rue, il faut se référer aux plaques à côté des interphones, en croate, forcément. L'agence se situe au deuxième étage d'un bel édifice austro-hongrois du dix-neuvième. L'agent immobilier qui nous reçoit dans son bureau s'appelle Luka. Il nous demande ce que l'on cherche. Bonne question : on n'en a pas la moindre idée. Mais difficile de lui dire que l'on est venus un peu au hasard, histoire de voir des appartements tout en visitant la ville. On lui explique quand même le plus honnêtement possible que l'on adore Zagreb, que l'on pourrait éventuellement envisager de s'y installer, mais que l'on voudrait d'abord avoir un aperçu de ce qu'il est possible de trouver comme logement sympa dans un budget raisonnable. Je pensais qu'il allait nous mettre dehors à coups de pied au derrière, mais pas du tout : il est à l'écoute, nous pose pas mal de questions sur ce qui nous intéresserait dans l'idéal, et il nous donne rendez-vous le lendemain matin pour une série de visites. Juste pour voir.

Après une bonne nuit de sommeil et un café en terrasse en guise de petit déjeuner, on retrouve Luka à l'adresse indiquée. L'appartement se trouve au cinquième étage d'un bâtiment au blanc éblouissant dans le soleil du matin. Le quartier est flambant neuf, même le goudron semble immaculé. Chaque building possède ses commerces au rez-de-chaussée, permettant aux habitants de vivre en quasi-autonomie dans un rayon de cent mètres. Aucun charme, mais pratique. On prend l'ascenseur, Luka nous fait faire un tour rapide, et on se rend aussitôt compte que la fenêtre du salon donne directement sur une voie ferrée. Rédhibitoire.

Le deuxième appartement se trouve sur la principale artère commerçante de Zagreb. L'appartement est grand, trop même : je m'y perds, avec leurs pièces agencées étrangement, chacune communiquant sur toutes les autres. Le mobilier est ancien, massif, imposant, et l'ensemble très sombre. On n'accroche pas. D'autant plus que le propriétaire habite sur le même palier et a l'air du genre collant. Luka nous explique que ce sont ses deux seules disponibilités actuelles selon nos critères. On est déçus, mais tant pis : on continuera notre voyage comme prévu, avec pour objectif d'atteindre Gdansk, sur la mer Baltique, pour Noël. Pendant que Luka nous ramène en voiture, Delphine navigue sur le site de l'agence à la recherche d'autres appartements disponibles.

« Celui-là, on pourrait le voir ? demande-t-elle en pointant une photo.

– Ah oui, il est juste à côté et je connais bien le propriétaire, on était à l'école ensemble. Je peux avoir les clés facilement. Donnez-moi une heure. »

On utilise ce laps de temps pour retourner à l'Institut français remercier la jeune femme à l'accueil qui a été adorable avec nous. Pendant que l'on papote, un homme en costume anthracite et aux cheveux gris entre dans la pièce, un porte-documents sous le bras.

« Voici justement Alexis, un Français qui travaille à l'ambassade, il pourra répondre plus précisément à vos questions », nous indique-t-elle en désignant de l'index le nouveau venu.

Le mot « ambassade » me donne un coup de stress. Pour moi, on ne rencontre pas ce genre de personne, un peu comme ceux qui bossent dans les ministères ou les services secrets. On sait qu'elles existent, mais on ne peut jamais les croiser, comme si on ne vivait pas sur la même planète. Mais lui, il est là, et il a l'air normal. Souriant même, et particulièrement avenant. Il nous propose de nous asseoir dans les fauteuils confortables de l'Institut et adopte une posture d'écoute.

« En quoi je peux vous aider ? »

Un peu gênés car on n'a pas réellement de projet, on lui pose des questions sur la vie à Zagreb en tant que Français expatrié. Soudain, ce n'est plus un élégant monsieur en costume qui nous fait face, mais un gars de notre âge, qui a fait le choix de venir vivre ici et qui parle de sa ville avec passion. Il nous accorde facilement une demi-heure avant de s'excuser.

« Je dois retourner au boulot, mais suivez-moi dans le café d'en face, j'y ai aperçu Philippe, un prof de français expatrié aussi, je vais vous présenter. »

On le suit dans le café et on serre la pince d'un gaillard imposant qui sirote un expresso, une paire de lunettes posée sur la table où des copies d'étudiants sont éparpillées.

« Salut, enchanté, bienvenue à Zagreb, nous dit-il avec un franc sourire et une poigne ferme.

– Merci, mais on n'habite pas encore là, on a juste visité des apparts.

– Venez, vous ne le regretterez pas, c'est génial ! Les gens sont adorables, la vie est douce… »

Il se lance dans un portrait dithyrambique de la Croatie, son pays d'adoption. Et je dois dire qu'il nous le vend bien, son enthousiasme est communicatif.

Un peu plus tard, on s'excuse auprès de Philippe et on file retrouver Luka pour la visite du dernier appartement. Il se trouve à peine à cinquante mètres de là, dans une rue calme de l'hypercentre de la ville.

L'appartement est somptueux, avec ses hauteurs sous plafond, ses moulures, son parquet, sa grande cuisine moderne et équipée… Le mobilier, discret, a été choisi avec goût. Deux grands canapés en cuir forment un angle dans l'immense salon baigné de lumière. Je jette un œil à Delphine et je vois que ses yeux brillent. C'est un palace, pas un appartement. Depuis tout petit, j'ai vécu dans des HLM de banlieue, des chambres d'étudiant insalubres, des studios mal insonorisés. Là, on est clairement dans le haut de gamme, voire le luxe. Pas une seconde je me projette dans le fait de pouvoir vivre ici, tant l'endroit me paraît en dehors de ma réalité. Cet appartement-là, c'est pour un avocat ou un médecin. Pas pour un type qui gagne sa vie au jour le jour avec un blog de voyage et des conseils en communication.

Et puis Luka nous annonce le prix. L'appartement est à six cent cinquante euros par mois, auxquels il faut ajouter environ cent cinquante euros pour internet, l'électricité, et quelques taxes équivalant à notre taxe d'habitation. Soit huit cents euros par mois tout compris pour un appartement pareil. Quatre cents euros chacun. Je n'arrive pas à le croire. C'est cher, ça dépasse notre enveloppe de six cents euros tout compris, mais je sens que Delphine est comme moi : elle a le coup de cœur. On demande un délai à Luka pour en discuter tranquillement et prendre notre décision à tête reposée. Il nous faut, aussi, étudier le budget à la virgule près. Car vivre dans un logement de luxe, pourquoi pas, mais si c'est pour se ruiner, manger des pâtes à tous les repas et ne pas profiter de notre expatriation, ça ne sert à rien.

Le lendemain, notre réservation Airbnb à Zagreb arrive à son échéance et la suivante, à Budapest, est déjà planifiée. On prend donc la direction de la Hongrie en n'ayant rien signé mais en promettant à Luka de le tenir au courant dans les soixante-douze heures.

CHAPITRE 27

« Calculez bien pour ne pas vous retrouver en galère »

Le trajet entre Zagreb et Budapest est interminable. Delphine s'est endormie sur mon épaule, bercée par le rythme paisible du train. Les immenses plaines qui s'offrent à mon regard sont d'une monotonie mortelle. La lassitude s'empare de moi. J'ai hâte d'arriver à Budapest pour souffler un peu dans cette ville que je commence à bien connaître. On a réservé trois nuits sur place. L'idée originale était de continuer le périple en direction de Bratislava, puis de la Pologne. Mais avec le coup de cœur pour l'appartement, les plans ont changé. On envisage désormais sérieusement de s'installer à Zagreb. J'ai l'impression qu'on le veut tous les deux, mais sans encore oser franchir le cap et contacter Luka pour accepter la location. Le cœur nous dit « foncez », la raison nous dit « calculez bien pour ne pas vous retrouver en galère ».

Alors on ne sort pas de notre Airbnb du séjour. On passe chaque minute dans le minuscule studio que l'on loue près de la place Deak Ferenc, dans le cœur de la capitale hongroise, à calculer et recalculer notre budget prévisionnel. Allongés à plat ventre sur le lit, éclairés par une pâle lampe de chevet, on fait des colonnes au dos des billets de train : combien on gagne, combien on va dépenser en loyer, en bouffe, en loisirs. Combien de temps on peut tenir en tapant le moins possible dans nos économies chaque mois. L'objectif, c'est un an. Si on arrive à faire un an sur place en autofinançant le loyer et la bouffe, et que l'on utilise nos économies seulement pour les loisirs, alors banco, on y va.

Comment bien calculer son budget ?

Je déconseille franchement de changer de vie sans avoir un peu d'argent de côté. Pour deux raisons : ces économies vous serviront soit pour démarrer votre aventure, par exemple en attendant de retrouver un travail ou de faire décoller votre activité, soit pour rebondir en cas d'échec dans votre projet, et ainsi pouvoir joindre les deux bouts pendant quelques mois avant de retomber sur vos pieds.

La somme exacte à avoir de côté dépendra principalement du train de vie auquel vous aspirez dans votre nouvelle vie. Plus vous visez un niveau de confort élevé, plus vos dépenses mensuelles seront hautes, donc plus vous devrez avoir une somme importante de côté pour pouvoir les combler en cas de longue période sans revenus. En clair, si vous voyagez en logeant uniquement dans des hôtels luxueux, ou si vous choisissez des destinations où le coût de la vie est élevé, il vous faudra forcément davantage d'économies que si vous êtes prêt à partir dans des pays bon marché et dormir à l'arrache chez des locaux qui acceptent de vous héberger gracieusement.

Je n'ai donc pas de réponse toute prête à vous donner à la question : « Quelle somme faut-il avoir de côté avant de se lancer ? » Le calcul exact ne peut être fait que par vous, en fonction de vos attentes en termes de confort matériel, de vos habitudes de vie, du montant de vos dépenses mensuelles actuelles. Je vous recommande simplement de pouvoir tenir au minimum six mois, et idéalement une année complète, uniquement sur vos économies, afin de ne pas ajouter un stress financier à celui déjà provoqué par le changement de vie en tant que tel. C'est à pondérer selon votre projet, mais cela correspondra généralement à un matelas de sécurité financier et psychologique suffisant.

Dans la colonne des recettes, j'ai mon activité de blogueur voyages, qui a désormais supplanté celle de conseils en communication grâce aux espaces publicitaires que m'achètent des agences de pubs pour le compte des grandes marques du tourisme. De son côté, Delphine arrive à tirer une petite marge sur la location de son appartement. Dans la colonne des dépenses, il y a huit cents euros pour le loyer et les différentes charges qui lui sont liées. Pour le reste, la Croatie n'est pas un pays très cher : deux euros la pinte de bière en terrasse dans les cafés chics du centre-ville, par exemple. En faisant nos courses sur l'immense marché quotidien, en achetant des légumes de saison, on devrait s'en sortir raisonnablement. On mise sur cent cinquante euros par mois de budget nourriture, et encore autant en loisirs. Ce sont ces derniers qui sont plus difficiles à évaluer, car ils dépendront des rencontres et des opportunités qui se présenteront, mais ils pourront toujours servir de variable d'ajustement selon les mois.

On fait trois hypothèses de nos dépenses variables : une basse, une moyenne et une haute. D'après nos calculs, on devrait être capable de tenir un an sur place sans problème, peut-être même sans taper dans nos économies du tout. Mais malgré les chiffres rassurants, on n'arrive pas à se décider. Dès que je penche pour le «on tente le coup», une partie de mon cerveau trouve aussitôt un tas d'arguments pour ne pas se lancer. J'angoisse de mettre fin à ma vie de voyageur sans attaches, de prendre une décision dangereuse pour notre couple en nous installant à deux pour de bon, d'aller à l'encontre de mon principe qui consiste à minimiser autant que possible mes charges fixes pour ne pas influer sur ma qualité de vie. J'ai peur aussi de saborder mon activité de blogueur voyages, car comment continuer à raconter mes périples si je ne voyage plus ?

Quand on cherche à améliorer sa qualité de vie, on a deux options : soit gagner plus d'argent, soit se libérer davantage de temps. La plupart des gens cherchent à gagner plus afin de se payer un train de vie agréable : un bel appartement, une belle voiture, un abonnement Netflix, des vacances dans de beaux hôtels... Alors ils sacrifient du temps pour aller travailler, empiétant ainsi sur des heures de loisirs potentiels et s'enfermant dans une vie qui consiste à partir tôt et rentrer tard, parfois pour d'excellents salaires, mais pour une qualité de vie finalement peu enviable de mon point de vue puisqu'il faut attendre les week-ends et les congés payés pour profiter du sacrifice consenti le reste de l'année. Il y a cinq ans, j'ai fait le choix inverse. Et depuis, comme je n'ai plus d'appart' et que je voyage dans des pays où le coût de la vie est faible, mon train de vie ne me coûte quasiment rien. Ayant peu besoin d'argent, je n'ai pas à beaucoup travailler, ce qui me laisse un maximum de temps libre pour profiter des lieux que je traverse et des gens que je rencontre. Mais là, cet appartement ne risque-t-il pas de me créer une pression professionnelle terrible ?

Je suis empêtré dans mes doutes, mon incapacité à trancher, mon paradoxe permanent : je ne suis plus heureux dans le voyage en sac à dos, mais j'ai peur de changer, peur des choses nouvelles qui m'attendent, peur de la vie dans un pays où je ne connais rien ni personne. Pourtant, dès que je me convaincs de renoncer à ce projet d'installation en Croatie, je me sens triste, j'ai l'impression de passer à côté d'une belle expérience, et une petite voix me murmure au fond de moi : « Si tu ne le fais pas, tu le regretteras. »

« La peur est saine. Elle force à structurer sérieusement son projet, à avoir une vision globale, à envisager les possibilités et les options sous tous les angles. »

Alors je me raisonne. Avoir peur de changer de vie, avoir des doutes, c'est normal. C'est sain, même. J'ai eu peur à chaque microdécision qui allait avoir un impact sur ma journée suivante, ma semaine suivante ou mon année suivante. C'est si on n'a pas la moindre appréhension qu'il faut se poser des questions. La peur est saine.

Elle force à structurer sérieusement son projet, à avoir une vision globale, à envisager les possibilités et les options sous tous les angles. La seule vraie difficulté, c'est de ne pas la laisser stopper des projets qui méritent d'être concrétisés. Et finalement, qu'ai-je réellement comme argument pour ne pas prendre cet appartement à Zagreb en dehors de la crainte de sauter le pas ? Pas grand-chose. Alors je finis par dire à Delphine que je suis d'accord. On va s'installer en Croatie pour de bon. On envoie le message de confirmation à Luka, qui nous répond aussitôt par l'heure du rendez-vous pour signer le bail.

Le lendemain, nous voilà de retour à Zagreb. On a deux heures d'avance. On les passe dans le parc à côté de notre futur appart', à ressasser mentalement les calculs de notre budget et à se répéter : « Tu es toujours sûr, hein ? On peut encore renoncer, si tu préfères. »

Finalement l'heure arrive. On sonne à l'interphone, toujours avec nos sacs sur le dos. On se regarde une dernière fois et les yeux de Delphine brillent d'excitation. La voix de Luka se fait entendre dans un grésillement à travers le haut-parleur et la porte s'ouvre. Il nous fait monter dans l'appartement. Le propriétaire nous y attend déjà. Un grand blond aux cheveux gominés, à la mode scandinave. Son sourire est franc, sa poignée de main chaleureuse, son anglais impeccable.

« Bienvenue à Zagreb, je m'appelle Boran. On règle les papiers et après je vous explique le fonctionnement de l'appartement dans les moindres détails. »

Il me donne immédiatement l'impression d'un gars droit dans ses bottes, structuré, carré et sympathique. Il doit être à peine plus âgé que nous et je me demande ce qu'il fait dans la vie pour être déjà le propriétaire d'un si beau logement. On paraphe quelques feuilles, on montre nos cartes d'identité qui sont prises en photo, et puis vient le moment de la signature finale. Je m'étonne que l'on ne nous ait demandé ni fiche de paie, ni contrat de travail, ni même simplement nos professions. Visiblement, on ne s'embarrasse pas de paperasse dans ce pays. Je le comprendrai plus tard, tout marche à la confiance. Ça me convient bien, c'est ce genre de relation que j'ai envie d'avoir dans ma vie. J'inspire profondément et j'appose mon coup de stylo à la dernière page du contrat de location. Delphine fait de même juste à côté. On se regarde et un grand sourire naît sur nos lèvres : ça y est, on l'a fait. Boran aussi a le sourire. Il sort de son sac une bouteille de vin et nous la tend.

« C'est mon cadeau de bienvenue, un vin blanc d'Istrie que j'aime beaucoup. »

C'est la première fois qu'un propriétaire m'offre une bouteille de vin, ou quoi que ce soit d'ailleurs, après avoir signé un bail. J'adore l'idée, ça crée tout de suite une relation agréable entre le propriétaire et le locataire. Luka s'éclipse et Boran nous fait faire le tour complet de l'appartement afin de nous familiariser avec le système de chauffage, l'électroménager, la façon de régler les factures, etc. Alors qu'il s'apprête à nous quitter, Delphine m'interpelle en français.

« Et l'assurance habitation ? Il ne nous en a pas parlé ? »

J'interroge Boran, qui ne comprend pas.

« Quelle assurance ?

– L'assurance pour le logement. »

Son visage se fait interrogateur. Delphine reprend :

« Eh bien, par exemple, s'il y a le feu, pour être couverts. »

Boran sourit.

« Vous voulez mettre le feu à mon appartement ?

– Non, non, bien sûr, mais s'il y a un problème ?...

– Je sais qu'en France vous aimez les papiers, mais ici, il n'y a rien d'obligatoire, ni assurance ni quoi que ce soit. Mais ne vous inquiétez pas, tout se passera bien. »

Delphine n'est qu'à moitié rassurée, mais elle n'insiste pas.

Boran sort après une nouvelle poignée de main franche, et je referme la porte derrière lui. Toute la pression accumulée ces derniers jours retombe brutalement et une vague de fatigue me submerge. Je m'effondre dans l'un des canapés en cuir de l'immense salon et je regarde autour de moi. J'ai du mal à prendre conscience de ce qui vient de se passer. On habite là, désormais. C'est chez moi. Chez nous. La sensation est étrange, presque irréelle. On est passés dans tellement d'appartements ces derniers mois, d'Airbnb en Airbnb, que je ne réalise pas encore que l'on va garder celui-là un moment. J'ai l'impression que dans deux ou trois jours, on va refaire nos sacs et glisser les clés dans la boîte aux lettres en partant vers de nouveaux horizons. Mais non. Je suis chez moi, ici, à Zagreb, désormais.

Je me rappelle soudain que, dans le feu de l'action, je n'ai plus donné de nouvelles à ma famille depuis une bonne semaine. Je me connecte au wifi et j'envoie un court message dans la conversation commune avec mes sœurs et mes parents.

«Voilà notre appart' à Zagreb!» accompagné de quelques photos.

Je constate aussitôt que l'on ne m'a pas compris : ils sont persuadés qu'on est là pour quelques jours, qu'il s'agit d'un Airbnb. Je dissipe le malentendu et je coupe mon téléphone avant même de lire leurs réactions afin de profiter de la soirée. Delphine a ouvert la bouteille de vin et nous a servi un verre chacun. Il est temps de se détendre et de trinquer.

« Je ne suis plus nomade. Je suis expatrié. »

Avant de me coucher, je sors mes vêtements de mon sac, je les replie minutieusement, un par un, et les dépose dans l'armoire de la chambre. Puis, après m'être assuré qu'il n'y reste plus rien, je glisse le sac à dos dans le fond d'un placard. Je ne suis plus nomade. Je suis expatrié.

PARTIE 3

De citadin à campagnard

CHAPITRE 28

« J'ai le sentiment de vivre une vie que j'ai pleinement choisie »

Avec le retour à la vie sédentaire, je craignais de retomber dans la même morosité qu'à l'époque où j'habitais Cherbourg, mais il y a une grande différence entre ma routine actuelle à Zagreb et celle que j'avais en Normandie. Aujourd'hui, j'ai le sentiment de vivre une vie que j'ai pleinement choisie. De maîtriser le déroulé de mes journées du matin au soir.

J'habite dans une ville pour laquelle j'ai eu un coup de cœur, alors que Cherbourg était un choix par défaut, dicté par mon boulot, le lieu de ma naissance et la présence de ma famille. Je travaille sur mon blog de voyage qui me passionne alors que mon job en webTV m'ennuyait à mourir. Je choisis mes nouveaux amis parmi les personnes rencontrées sur place, tandis qu'en Normandie, je restais dans le petit cercle qui était le mien depuis toujours.

J'ajoute aussi des challenges à mon quotidien, ce qui participe à mon bien-être général, à ma sensation d'avancer et non pas de stagner. Par exemple, je m'inscris à des cours de croate afin de faciliter mon intégration dans mon nouveau pays. La langue est extrêmement difficile à apprendre avec ses déclinaisons interminables qui me rappellent avec horreur mes cours de latin du collège et je ne progresse pas vite. Les Français qui vivent là depuis longtemps me rassurent : ils ont tous mis de longs mois avant d'en maîtriser les rudiments, et aucun ne peut se targuer de la parler parfaitement même après plusieurs années sur place.

Au bout de quelques semaines, j'ai pris mes marques et je me suis créé ma petite routine quotidienne. Je me réveille tôt, je vais prendre un café en bas de chez moi, puis je file à mon cours. En rentrant, je fais un tour au marché où je mets en pratique ce que j'ai appris avec les mamies des stands où j'ai mes habitudes, leur décrochant au passage un sourire attendri avec mon accent et mes tournures de phrase hasardeuses, puis je rentre bosser sur mon blog. En fin d'après-midi, une fois libéré de mes obligations professionnelles, je vais me promener avec Delphine, puis on retrouve les copains en terrasse et on descend des pintes en refaisant le monde jusque tard dans la soirée.

La communauté française est d'un grand soutien pendant nos premiers mois à Zagreb. Sous l'impulsion d'Alexis, de l'ambassade, de nombreux événements sont organisés en lien avec la francophonie. On y rencontre rapidement d'autres expatriés, ainsi que des Croates parmi lesquels on se fait de vrais bons amis. Je me rends vite compte à quel point le réseau est important quand on s'installe à l'étranger. Les bons plans pour des petits boulots font vite le tour de la communauté francophile, et des opportunités viennent rapidement à nous. On propose à Delphine de faire du baby-sitting au sein d'une famille croate qui aimerait que leurs enfants apprennent notre langue. On l'invite également à donner quelques cours informels à des adultes déjà d'un bon niveau. C'est l'idéal pour elle, car son métier d'infirmière est difficilement praticable en raison de la barrière linguistique. Ça lui permet d'occuper ses journées de manière constructive, et accessoirement de se faire un peu d'argent de poche.

Financièrement, on est extrêmement prudents. Chaque dépense, même la plus insignifiante, est notée dans un petit carnet où l'on tient nos comptes. On veut être sûrs de ne jamais nous mettre dans le rouge, et toujours avoir sous les yeux un aperçu en temps réel de notre situation afin de pouvoir adapter nos dépenses si nécessaire, soit en nous restreignant quelques jours, soit en nous autorisant des petits plaisirs. Mais on se rend vite compte que l'on avait surestimé le coût de la vie, même dans l'hypothèse la plus basse, ce qui nous donne de la marge pour nous faire plaisir assez régulièrement et nous permettre un train de vie agréable. Chaque mois, on s'offre deux ou trois jours hors de Zagreb afin de visiter les villes et les villages des environs et découvrir plus en profondeur notre nouveau pays. Ces visites me servent aussi de matériel pour publier mes articles sur mon site, qui devient de plus en plus un recueil de guides sur les destinations où je me rends qu'un blog où je raconte mes propres aventures.

Cependant, tout n'est pas parfait. La vie d'expat' vient aussi avec son lot de désagréments. On traverse régulièrement des

« La vie d'expat' vient aussi avec son lot de désagréments. »

moments de solitude liés à la barrière linguistique. Parfois on tourne en rond et on regrette de nous être installés là, dans ce pays rempli d'inconnus, loin de nos repères, de nos familles. Parfois encore, c'est simplement le fait d'être en ville, dans un environnement fait de béton, qui nous pèse, et on se prend à rêver d'une vie radicalement opposée, à la campagne, proche de la nature.

Deux événements vont venir bousculer notre petite routine bien rodée. En juillet, Nathalie, ma plus jeune sœur, nous annonce sa grossesse. Une petite fille est attendue pour fin février ou début mars. La première venue de la nouvelle génération, aussi bien de mon côté que de celui de Delphine. Ça me fait un drôle d'effet : j'ai six ans de plus que ma sœur et je l'ai toujours considérée presque comme une enfant alors qu'elle est, bien sûr, devenue femme depuis longtemps. Voilà qu'elle va maintenant devenir maman ! En théorie, cela ne devrait pas trop avoir d'impact sur nous : on va revenir en France pour la naissance, passer de magnifiques moments en famille et rentrer chez nous reprendre le cours de notre existence. Mais un second événement, anodin en apparence, va nous faire revoir tous nos plans.

Début novembre, alors que l'on fête le premier anniversaire de notre installation à Zagreb, l'appartement au-dessus du nôtre est mis en location par le propriétaire qui vient de terminer les travaux de rénovation. S'il est silencieux en journée, le nouveau venu est extrêmement bruyant en soirée. D'autant plus que le bâtiment, ancien, n'est pas particulièrement bien isolé phoniquement. Sa machine à laver, qu'il met systématiquement en marche en pleine nuit – allez savoir pourquoi –, fait trembler les murs et la lampe plafonnière au-dessus de notre lit et nous réveille à chaque fois en sursaut vers 4 heures du matin. On a beau parlementer avec lui, négocier des horaires normaux pour sa machine, rien n'y fait. Pour couronner le tout, le chantier de construction d'un immeuble a démarré sous les fenêtres de notre chambre, là où se tenait auparavant un parking, nous tirant du lit tous les matins à 7 heures, y compris le samedi. On essaie de s'en accommoder, de dormir avec des boules Quiès, de se coucher plus tôt pour atteindre notre compte de sommeil avant les nuisances sonores, mais rien à faire. Le bruit devient tellement insupportable que l'on déménage chaque soir le matelas au milieu du salon afin de s'éloigner autant que possible du chantier et de la machine à laver du voisin. Ce grand et bel appartement, qui était supposé être notre cocon, est devenu un lieu que l'on fuit dès que l'on en a l'occasion. Delphine prépare ses cours dans les cafés, et je l'accompagne pour écrire mes articles. On commence à discuter entre nous d'un déménagement et on tombe rapidement d'accord. On va quitter l'appartement, même si c'est un crève-cœur. Reste à savoir quand et pour vivre où ensuite. Une idée nous trotte dans la tête depuis un moment : s'éloigner du centre pour trouver de la verdure, un accès à la nature plus simple et plus rapide. Vivre en cœur de ville, c'est génial quand on est jeune et que l'on veut faire la fête facilement, mais quand on prend de l'âge et que l'on vit en couple, on aspire souvent à davantage de calme, de tranquillité, de sérénité. En tout cas c'est ce qui se passe pour nous. Alors on se dit que l'on pourrait se trouver un appart' ou une petite maison en périphérie de Zagreb, sur une ligne de tram pour aller vite en ville, tout en restant à portée de fusil des magnifiques montagnes qui bordent la capitale croate par le nord.

Fin décembre, le voisin s'est absenté pour les fêtes et le chantier tourne au ralenti, nous offrant enfin un peu de répit. Mon ami d'enfance Jean en profite pour venir passer le Nouvel An à Zagreb et découvrir notre nouvelle vie. Jean, c'est mon antithèse absolue. Il est aussi casanier que je suis voyageur. Quand je m'extasie devant un vol Ryanair à neuf euros quatre-vingt-dix-neuf, lui, c'est devant la sortie du dernier Final Fantasy. Alors que je changeais de lieu de vie tous les quatre matins, il rachetait à ses parents la maison de son enfance. Quand tout bougeait constamment autour de moi, quand mes parents se sont séparés, quand j'ai quitté mon boulot et mon appart', lui a toujours été là, solidement ancré dans son monde et dans sa trajectoire rassurante, comme un phare m'indiquant de ne pas perdre de vue l'essentiel. Malgré nos itinéraires très différents, le contact ne s'est jamais rompu pendant mes années passées à vadrouiller loin de notre Normandie. À chaque retour à Cherbourg, je passe le voir et on retrouve nos bonnes vieilles discussions comme si on s'était quittés la veille, à jouer à Fifa et à se marrer comme des ados dont les délires restent incompréhensibles par le reste du monde.

Quand je le récupère à l'aéroport de Zagreb, c'est comme si mes deux univers se télescopaient. Mes voyages et ma Normandie. Il y a une sorte d'anachronisme à le voir là, avec son sac à dos, dans mon

Zagreb, alors que la majorité du temps que l'on passe ensemble c'est sur son canapé à jouer à la console.

Toutes ces années, j'ai cru que je ne pourrais jamais faire cohabiter en moi le Jérémy voyageur et le Jérémy de Normandie. Mais quand je fais découvrir à Jean ma nouvelle vie en Croatie, j'ai l'impression de réconcilier les deux facettes de ma personnalité. De faire la paix avec moi-même, de guérir de mes paradoxes, de mes envies permanentes d'être ailleurs quand je suis ici, et ici quand je suis ailleurs. C'est peut-être, sans le savoir, ce qui va motiver ma décision de revenir vivre dans le Cotentin quelques semaines plus tard.

« J'ai l'impression de réconcilier les deux facettes de ma personnalité. De faire la paix avec moi-même, de guérir de mes paradoxes, de mes envies permanentes d'être ailleurs quand je suis ici, et ici quand je suis ailleurs. »

À part une visite éclair de ma belle-sœur peu de temps après notre installation, personne n'est venu nous voir en plus d'un an sur place. Mais dès que l'on annonce à nos proches notre projet de quitter l'appartement, c'est le défilé. En quinze jours, on reçoit tout le monde. Après le départ de Jean, c'est le père de Delphine qui vient nous rendre visite. Puis, dans la foulée, Aurélie, qui vient de quitter la Norvège après deux ans d'expatriation, et son compagnon Benjamin. On leur fait découvrir les somptueuses chutes d'eau des lacs de Plitvice, les villages hors du temps des monts de Samobor. On les emmène flâner sur le marché aux antiquités de Britanski Trg. Notre amour pour ce pays est contagieux et nos proches sont enchantés de leurs séjours respectifs, heureux de nous voir épanouis dans notre nouvel environnement.

Cette succession de visites me rappelle à quel point mes proches me manquent. Une fois tout le monde parti, je ressens comme un vide au fond de moi. J'adore le voyage, le déracinement, mais j'ai aussi besoin de garder le contact avec les gens restés en France, de ne pas perdre le fil de leurs vies. J'ai toujours veillé à préserver ce lien même pendant les périodes où je me trouvais à l'autre bout du globe. Et avec les années qui filent, ce besoin de passer davantage de temps avec eux ne fait qu'augmenter. Je voudrais simplement pouvoir toquer à leur porte, prendre un café, puis rentrer chez moi. Et pas devoir traverser la moitié de l'Europe pour les voir trois jours non-stop, puis plus rien pendant trois mois.

Un midi, alors que Delphine est sortie donner un cours et que je finalise la publication d'un article sur mon blog, on sonne à la porte. Je vais ouvrir : c'est Boran, le propriétaire. Il attend un courrier important qui lui a été envoyé à son ancienne adresse, en l'occurrence chez nous. J'attrape la clé du courrier et je descends les escaliers avec lui jusqu'aux boîtes aux lettres. Il prend de nos nouvelles, nous demande comment se passe notre quotidien. Boran a toujours été un propriétaire exemplaire, répondant à chaque fois dans la minute dès que l'on a eu besoin de lui pour une fuite d'eau ou un souci avec internet. Peu après notre arrivée, il nous a même invités dans un excellent restaurant de la vieille ville, en compagnie de son épouse, pour faire notre connaissance. Ça nous a surpris, mais je crois qu'il était simplement étonné de notre parcours, de notre décision de nous installer là sur un coup de tête, sans autre raison que l'envie de découvrir la ville et le pays.

Alors que l'on papote dans le couloir de l'entrée, je m'entends soudain prononcer les mots qui actent notre départ.

« Au fait, on va quitter l'appartement bientôt. »

Il accuse le coup. Ça peut se comprendre, rien ne laissait présager cette annonce. Aussitôt, je regrette. Je ne sais pas ce qui a pu me passer par la tête. On était certains de quitter les lieux bientôt, mais on voulait avoir une solution de repli avant de se décider définitivement et d'annoncer quoi que ce soit. Or là, on n'a même pas commencé à visiter d'autres logements.

« Ah… Et quand ?

– Euh, je ne sais pas encore, on te tient au courant rapidement. »

Moi qui mets tout le temps des siècles à trancher pour la moindre décision, on peut dire que là, j'ai fait fort. Quand Delphine revient, je lui raconte ma gaffe. Elle trouve tout de suite les mots pour me rassurer.

« Ne t'inquiète pas, c'est aussi bien comme ça. De toute façon, il fallait qu'on parte d'ici ! »

CHAPITRE 29

« Le temps semble ralentir, et je savoure chaque seconde »

À partir du moment où on annonce à Boran que l'on quitte son appartement, mon état d'esprit change complètement. Je plonge instantanément dans la nostalgie des lieux, comme si j'étais déjà parti. Je passe des heures à marcher seul dans la ville. Je regarde chaque coin de rue, chaque café comme si je les voyais pour la dernière fois. Le temps semble ralentir et je savoure chaque seconde. Je m'imprègne de Zagreb, de ses parcs, de ses habitants, de ses terrasses, de ses marchés colorés, jusqu'à ce que la ville fasse entièrement partie de moi. J'avais vécu la même chose à Göteborg, en 2012, lors de mes derniers jours dans la ville, et Emmanuel m'avait fait cette remarque : « Pourquoi tu ne profites pas au lieu de déprimer ? » C'est justement ma façon à moi de profiter, de me laisser aller à une douce nostalgie. Je commence à bien me connaître et je sais que je ressens toujours ce type d'émotion la veille de quitter des lieux qui m'ont enchanté, quelle que fût la durée du séjour. Ça me rassure, même, de ressentir ça : cela signifie que l'on ne s'est pas trompés en s'installant à Zagreb, un an et demi plus tôt. Que c'était le bon choix.

Les jours défilent et il nous faut prévenir Boran de la date exacte de notre départ. On table sur le 19 février. C'est purement arbitraire : on veut être rentrés avant la naissance de notre petite nièce, mais on n'a pas envie de se ruiner en billet d'avion donc on sélectionne le jour où Air France propose ses Zagreb-Paris aux meilleurs tarifs.

Alors que l'on boit une bière à la terrasse de Pif, le bar qui nous sert de repaire, Alexis met les pieds dans le plat :

« Bon alors vous faites quoi ? Vous changez juste d'appart' ou vous quittez complètement la Croatie ? »

La vérité, c'est que l'on ne sait pas. Delphine passe beaucoup de temps sur les sites de petites annonces immobilières, mais aucun logement ne retient notre attention. Ils sont tous dans l'ombre du nôtre, moins cosys, moins bien situés, et surtout beaucoup plus chers. En seize mois sur place, on a vu la ville se transformer. Les vieux cafés abîmés typiques de l'Europe de l'Est ont petit à petit été remplacés par des établissements chics et modernes façon Starbucks. Les boutiques indépendantes du centre-ville ont cédé la place à des enseignes internationales bien connues. Les *konoba* croates sont devenus des restaurants insipides servant tous des burgers et des pizzas. Même le petit cinéma de quartier au pied de chez nous a fini par rendre l'âme sous la pression des gigantesques complexes qui se développent partout en périphérie. Zagreb s'est internationalisée en un rien de temps, et ce qui faisait sa spécificité s'est noyé dans la mondialisation. Les touristes affluent désormais dans la capitale tout au long de l'année, alors qu'il n'y a pas si longtemps, ils se contentaient d'envahir la côte adriatique à la belle saison. Cela ne nous empêche pas de continuer d'aimer cette ville et ses habitants. Ça nous rend simplement la tâche plus difficile pour trouver un nouveau logement, notamment parce que les propriétaires ont compris l'attrait touristique de Zagreb et préfèrent désormais louer leur bien sur Airbnb. Quand ce n'est pas le cas, ils n'hésitent pas à monter franchement les tarifs des loyers : après notre départ, celui de notre appartement augmentera de cent cinquante euros. Ça devient vraiment compliqué pour nous financièrement parlant, et on commence sérieusement à se demander si on reviendra à Zagreb après la naissance de notre petite nièce.

On décide de ne pas trancher pour le moment, de continuer à consulter régulièrement les petites annonces et d'aviser selon ce qui se présente. En attendant, le départ approche, et il devient de plus en plus clair que l'on n'aura pas retrouvé un appart' avant de quitter celui de Boran. Se pose alors la question de nos affaires. Pour ne pas nous charger en prévision du jour où on devrait quitter les lieux, on s'est toujours interdit d'acheter trop d'objets, et on n'a pas accumulé beaucoup de biens matériels au cours de notre séjour à Zagreb. Mais les dernières semaines, peut-être pour compenser le coup de déprime à l'idée de partir, on s'est mis à acheter plein de trucs en guise de souvenirs. Des jeux de société, des livres et des disques remplissent maintenant une bonne partie de la bibliothèque du salon. Cela reste un déménagement très modeste, mais il faut quand même s'en occuper. On déniche des cartons dans une boutique de fringues en bas de chez nous, et le lendemain, on se présente à la poste croate avec deux énormes boîtes scotchées dans tous les sens, à envoyer vers la France en colis suivi. Cela aura été plus rapide que de vider l'appartement de Noisy-le-Sec !

Notre dernière soirée à Zagreb coïncide avec l'anniversaire d'Alexis. Lui et sa femme Tina, une Croate qui travaille comme guide touristique et qui parle un français délicieusement teinté d'accent slave, nous invitent à dîner pour célébrer son changement d'année et trinquer à notre départ. Ils nous attendent pour 19 heures dans leur bel appartement à deux pas du lac de Jarun, à l'autre bout de la ville.

À l'heure du rendez-vous, on a encore la tête dans les placards. Jusqu'à présent, on a sans cesse repoussé le moment de faire les bagages, comme si, tant qu'on n'était pas au pied du mur, notre départ n'était pas réel. Mais là, il nous faut passer la vitesse supérieure : notre avion pour Paris décolle le lendemain et on doit encore boucler nos valises, nettoyer l'appartement et remettre les clés à Boran.

Dès que l'on remarque l'heure tardive, on abandonne aussitôt nos affaires, on saute dans un taxi et on sonne piteusement à leur Interphone avec une demi-heure de retard.

Le dîner se passe dans la bonne humeur, mais j'ai du mal à tenir la conversation. Le fait de ne pas savoir quand aura lieu la prochaine donne un sentiment de futilité à celle-ci. On se remémore les bons souvenirs, les randos en compagnie de leurs deux jeunes chiens qui couraient partout, les baignades pour se rafraîchir les jours de canicule, les innombrables soirées jeux de société et les apéros passés à refaire le monde sur les terrasses de la place des Fleurs. Au moment de partir, sur le pas de la porte, je ne peux m'empêcher de glisser ces mots qui me trottent dans la tête depuis un moment :

« Merci de nous avoir si bien accueillis !

– De rien, c'était avec plaisir.

– Je veux dire, merci de nous avoir si bien accueillis en Croatie, de nous avoir si bien intégrés ici, d'avoir pris autant de temps pour nous dès le premier jour. Vraiment, merci ! »

Il est deux heures du matin quand le taxi de retour nous dépose devant chez nous. On ouvre la lourde porte d'entrée de notre immeuble et on grimpe les escaliers où on s'est si souvent embrassés en rentrant de soirée, ivres d'un peu trop d'alcool et des moments de bonheur passés avec nos amis. Je réalise que même si on revient plus tard à Zagreb, c'est notre dernière fois ici, dans ces lieux. Mon cœur se serre brutalement et je me retiens *in extremis* de succomber aux émotions qui me submergent. Comme je déteste les départs…

Ce sont les vrombissements des engins de chantier qui me tirent de mon sommeil, bien avant l'alarme de mon réveil. Delphine émerge aussi brutalement. On ne prononce pas un mot, mais nos regards qui se croisent signifient ceci : « OK, on fait vraiment bien de partir, ce n'est plus tenable. »

Deux heures plus tard, nos sacs sont prêts et les valises bouclées. On retrouve Kyril et Olivier, des amis français qui vivent ici depuis un paquet d'années, pour un dernier café ensemble. Alors que je passe la commande, je reçois un SMS de Boran.

Il a un contretemps au bureau et ne peut pas venir récupérer les clés en personne. Il nous demande de l'excuser et de simplement les glisser dans la boîte aux lettres quand on partira. C'est à peine croyable : en France, jamais un propriétaire ne ferait confiance à ses locataires au point de se passer de l'état des lieux de sortie. Libéré de la contrainte, je propose aux gars de nous accompagner pour notre dernier resto, ce qu'ils acceptent avec enthousiasme. À force de venir manger, le serveur du Leonardo nous connaît bien. Il s'est pris de sympathie pour nous, le couple de Français qui marmonne trois mots de croate et qui raffole de ses pâtes aux truffes, une des spécialités locales. À la fin du repas, on commande un café, puis un second, comme pour jouer les prolongations. Le restaurant s'est vidé, il ne reste plus que nous. Olivier propose de nous emmener en voiture jusqu'à l'aéroport. On retourne à l'appart' chercher nos bagages, on s'assure une dernière fois que tout est en ordre et que l'on n'a rien oublié à l'intérieur. Puis on verrouille la grande porte d'entrée, on descend les escaliers sans dire un mot et, avec un pincement au cœur, on dépose la clé dans la boîte aux lettres, le tintement métallique marquant la fin de notre aventure à Zagreb.

Dehors, Kyril et Olivier nous attendent. Quand on ressort du bâtiment, ils remarquent notre émotion mais ont la délicatesse de ne pas le laisser paraître. On charge les bagages dans le coffre de la voiture en s'accrochant à des bribes de conversation pour retarder, encore, le moment du départ. Mais cette fois, il faut vraiment y aller sous peine de voir l'avion décoller sans nous. De toute façon, Kyril doit retourner bosser. On le salue en nous promettant de nous revoir bientôt, et on grimpe dans la petite Saxo d'Olivier qui se met aussitôt en route, laissant notre Zagreb derrière nous. On ne le sait pas encore, mais on ne reviendra pas vivre en Croatie.

CHAPITRE 30

« Le bonheur n'est réel que lorsqu'il est partagé »

Retour en France. D'abord par la case Noisy-le-Sec, pour dire bonjour à la famille de Delphine, puis bientôt en Normandie, chez mon père, qui nous accueille avec un grand sourire et une générosité hors norme, comme à chaque fois.

Aurélie et Benjamin sont là aussi. Ma sœur a terminé son contrat en Norvège, ils squattent provisoirement chez mon père en attendant de partir pour la Nouvelle-Zélande grâce au visa vacances-travail. Leur projet : parcourir le pays en van pendant un an, en alternant les petits boulots pour s'autofinancer. Pour le moment, ils occupent la chambre du fond, tandis que mon père nous a laissé la sienne. Lui campe dans le salon, sur un matelas une place posé à même le sol. À cinquante-sept ans, ça me fait mal au cœur de le voir dormir par terre comme un adolescent, mais lui n'en a cure. Au contraire : il est heureux d'avoir deux de ses enfants à la maison et de pouvoir profiter avec nous de ces quelques jours particuliers, d'autant plus qu'il ne m'a pas vu depuis longtemps et qu'Aurélie décolle dans un mois. Et puis, il va devenir grand-père, c'est un sacré événement dans la vie d'un homme, mine de rien.

Je peux ressentir son excitation pour l'arrivée du bébé, ainsi que son angoisse, qu'il maîtrise tant bien que mal. Je ne peux m'empêcher de penser aux émotions qu'il a dû ressentir quand ses propres enfants s'apprêtaient à venir au monde.

Nathalie habite en Vendée, à cinq heures de route de chez mon père. On attend son signal pour prendre la route : dès qu'elle part pour la maternité, on grimpe dans la voiture et on file la retrouver. Les premiers jours, on s'attend à partir à tout moment. Mais chaque matin, les nouvelles sont les mêmes : pas de contractions, rien. *Stand-by*. On attend. On n'ose même pas réellement sortir ou s'absenter de peur de rater le coup de téléphone et le moment de l'arrivée du bébé. Nos sacs sont faits, on est dans les starting-blocks, prêts à partir d'un instant à l'autre, mais le téléphone reste silencieux. Pas de bébé à l'horizon. Silence complet.

Au bout d'une semaine, ça devient même un jeu entre nous :

« Bon, pas de nouvelles de Nathalie ?

– Non, toujours pas...

– Ils ne se sont pas trompés de mois, au moins ? »

Un avis de passage de la poste est arrivé à mon nom. Ce sont nos cartons qui sont disponibles au retrait. Voir l'adresse de l'expéditeur, la nôtre à Zagreb, provoque en moi un pincement au cœur. L'éloignement géographique et le retour dans un environnement si familier me donnent l'impression que ma vie en Croatie n'a été qu'un long rêve. Zagreb me semble être à la fois un point sur une carte et une douloureuse partie de moi. Ce n'est pas la première fois qu'un retour en Normandie me fait l'effet d'écraser la réalité que je viens de vivre, comme si celle-ci n'avait jamais vraiment existé. Sans les photos pour témoigner de mon expérience, je pourrais parfois presque croire que je m'invente des souvenirs. C'est en particulier vrai quand j'ai voyagé seul et partagé mon voyage avec peu de gens, ou avec des personnes perdues de vue entre-temps. Heureusement, Delphine est là pour me rappeler que l'on a bel et bien vécu cette expérience croate. On m'a un jour raconté la fin du film *Into the Wild* et la phrase devenue culte : « Le bonheur n'est réel que lorsqu'il est partagé. » Je ne peux qu'approuver.

Le bébé n'arrive toujours pas, alors on tue le temps en faisant des parties de Uno ou en allant marcher au bord de la mer entre deux averses. Toujours en discutant de notre avenir. On finit par se décider. Dès que ma sœur accouche, on file voir le bébé, puis on repart en Croatie en voiture, on squatte chez les potes quelque temps jusqu'à retrouver un appart', et on reprend notre petit quotidien habituel. Ma routine zagreboise me manque et j'ai hâte de la retrouver. Mon café du matin en terrasse, mon petit tour sur le marché pour acheter trois patates aux mamies qui me saluent chaleureusement. Les moments passés avec les copains. Je suis content de retrouver ma famille, mais plus les jours avancent et plus je me sens frustré de ne plus être chez moi, de devoir composer avec le rythme de chacun. Heureusement que l'on s'entend tous particulièrement bien, cela facilite considérablement la cohabitation. Aurélie et Benjamin sont faciles à vivre, on partage les mêmes valeurs et de nombreuses passions, dont les voyages. Mon père est aux petits soins, faisant toujours en sorte que l'on ne manque de rien. Nos soirées à jouer aux cartes autour de la grande table du salon sont mémorables, pleines de joie et de bonne humeur, et je vois avec plaisir la complicité entre Delphine et ma famille grandir de jour en jour. Mais la promiscuité permanente finit par être pesante. On n'a plus d'intimité, plus de moments de tendresse, plus de moments même pour nous disputer.

Delphine, qui apprécie et recherche la solitude, souffre de ne pouvoir s'isoler que trop rarement. Son occupation principale, c'est de faire défiler les petites annonces des logements disponibles à Zagreb, mais je constate aussi qu'elle consulte désormais les maisons à louer dans le Cotentin.

« Juste par curiosité », me dit-elle.

La dernière fois que l'on a parcouru des annonces par curiosité, on a signé un bail trois jours après. Je souris et je regarde ce qu'elle a déniché. Après tout, pourquoi ne pas aller visiter des maisons, ça nous fera une occupation. Et il y a une petite partie de moi que l'idée titille également : l'envie d'être plus souvent dans la nature, de faire mon potager et de découvrir un mode de vie radicalement opposé à celui de citadin qui est le mien depuis toujours. On élabore rapidement une petite liste de critères importants pour une future maison et on prend les premiers rendez-vous.

La première que l'on visite est un vrai taudis, on se demande comment elle tient encore debout. À peine entrés, on ressort, dégoûtés par l'odeur de cigarette, les murs jaunes, et le locataire qui nous fait visiter en traînant des pieds car le propriétaire n'a pas daigné se déplacer. Je leur souhaite bien du courage pour trouver quelqu'un.

La deuxième maison est située dans un hameau à une vingtaine de minutes de Cherbourg, avec une belle vue depuis la chambre principale sur la campagne environnante, mais quelques détails ne nous plaisent pas, dont l'accès qui se fait par une route particulièrement passante sans la moindre visibilité. On n'a pas envie de jouer à la roulette russe à chaque fois que l'on sortira de chez nous et risquer de voir un poids lourd traverser notre pare-brise, alors on décide de ne pas donner suite malgré un vrai intérêt pour cette belle longère normande.

La troisième maison a moins de charme mais elle remplit tous nos critères. Un grand jardin d'où on peut entendre les moutons du champ voisin, pas de vis-à-vis, une supérette dans le bourg à cinq minutes de marche, et la ville à une demi-heure de route. Elle est libre au premier mai, ce qui nous laisse le temps de nous organiser au niveau pratique. Seul problème, on va devoir convaincre le propriétaire de nous choisir, ce qui n'est pas gagné d'avance vu notre profil atypique.

Le monsieur qui nous fait la visite a les cheveux blancs, les yeux bleus, les joues rougies par le froid et le travail au grand air. Il se dégage de lui une énergie et une droiture. Il me fait penser à mon grand-père maternel, décédé douze ans plus tôt, qui avait aussi ce côté franc et direct des gens de la terre. Il sourit peu et se montre peu affable. Quand il s'exprime, c'est avec l'accent du terroir, les sourcils froncés et le regard inquisiteur, comme s'il cherchait en permanence à nous jauger. À la fin de la visite, alors qu'il vient de nous montrer le grenier et que l'on s'apprête à redescendre les escaliers abrupts, il nous demande ce que l'on fait dans la vie. Le moment est crucial. Delphine répond la première :

« Je suis infirmière. »

Malgré la pénombre, je vois un éclair de soulagement passer dans les yeux du propriétaire. Il se tourne vers moi. Mes pensées se bousculent : si je ne dis pas de connerie, ça va le faire. Mais que répondre pour ne pas lui faire peur. Blogueur voyages ? Conseiller en communication ? J'opte pour la prudence :

« Je travaille dans le tourisme.

– Ah. Dans une agence de voyages ? »

Ma réponse ne va pas lui plaire :

« Non, à mon compte, sur internet. Je tiens un blog de voyage, et je fais du conseil en communication.

– Hmmm... D'accord. Donc vous n'êtes pas en CDI ? »

On y revient toujours, à celui-là.

« Non... », finis-je par répondre sur le ton de l'excuse.

Il se tourne vers Delphine.

« Et vous ?

– Moi non plus. On revient tout juste dans la région, on habitait en Croatie, je n'ai pas encore de travail. »

On creuse notre tombe.

« Ah... », répond-il simplement en fronçant les sourcils.

Au moment de redescendre les escaliers vers le garage, je croise le regard de Delphine. On n'a pas besoin de prononcer un mot pour se comprendre. Ça s'annonce mal.

Quand il nous demande si la maison nous intéresse et que l'on répond par l'affirmative, on le sent immédiatement réticent. On ne correspond clairement pas au profil qu'il attend de ses futurs locataires, mais, alors que l'on s'apprête à partir, il réclame tout de même nos documents en nous promettant d'étudier notre cas.

Il laisse traîner l'affaire quelques jours, probablement pour laisser le temps à d'autres potentiels locataires de se présenter, puis il revient vers nous pour s'assurer que l'on est toujours sur le coup.

S'il nous avait opposé un refus catégorique, on aurait accepté l'échec, on aurait arrêté net nos recherches de maison en France et on serait retournés en Croatie où personne ne nous aurait rien demandé, ni CDI, ni contrat de travail, ni même notre métier. On aurait fini par trouver une jolie petite maison ou bien un appartement sympa à Zagreb, dans notre gamme de prix, et on aurait repris notre routine citadine là où on l'avait laissé quelques semaines plus tôt. Mais le propriétaire ne nous ferme pas complètement la porte. Et comme on aime les défis, on se prend au piège tout seuls. On veut le convaincre que l'on est honnêtes, qu'on lui paiera son loyer même si on ne détient pas le sacro-saint CDI. Et, bien sûr, il y a l'attrait du cadre de vie, de la verdure, de la campagne, des moutons qui paissent à cinquante mètres de là. L'envie de changer radicalement d'environnement.

Plus on se promène dans le Cotentin, et plus on se dit que ça serait sympa d'y vivre quelque temps, afin de goûter à autre chose, à une vie différente, plus calme, loin des soirées à descendre des pintes dans les bars de la capitale croate. Alors on fait tous les efforts pour décrocher la location. À son invitation, on se rend plusieurs fois chez le propriétaire pour lui transmettre des documents complémentaires à ceux habituellement demandés. On lui apporte, même, une copie de notre bail croate accompagné d'une lettre de recommandation de Boran, qu'il regarde avec intérêt bien que je le soupçonne de ne pas parler la langue. Il réclame également les documents du père de Delphine qui s'est porté garant. Notre entêtement, notre empressement à lui rapporter chaque fois les documents qu'il demande, ainsi, je crois, que notre gentillesse et le bon contact qui s'installe entre nous, nous permettent de marquer des points. Une petite voix me dit qu'il a envie de nous choisir mais qu'il a peur de faire une erreur. On finira par l'apprendre : il a été échaudé par des locataires récalcitrants à payer leurs loyers pendant deux ans, alors il veut éviter de faire la même bêtise et être sûr de choisir les bonnes personnes pour occuper sa maison. On peut le comprendre.

« Il y a l'attrait du cadre de vie, de la verdure, de la campagne, des moutons qui paissent à cinquante mètres de là… »

Quelques jours plus tard, sur le parking d'un supermarché, alors que l'on range nos courses dans le coffre de la voiture, le téléphone de Delphine sonne. C'est lui. Elle le met sur haut-parleur. Je le sens solennel dans sa façon de s'exprimer :

« J'ai bien étudié votre dossier et j'ai beaucoup réfléchi. Je veux bien vous prendre, mais j'aimerais que le nom sur le bail soit celui du garant, le père de madame. »

Forcément, il est retraité et sa pension couvre assez largement le fameux « trois fois le montant du loyer ». Sur le papier il est bien plus solide que nous, sans CDI, de retour de l'étranger, et sans autre plan que juste «on a envie de tester la vie à la campagne». Agacée, Delphine hausse très légèrement le ton :

«Écoutez, soit vous êtes prêt à nous prendre et ce sera nos noms sur le bail, soit vous ne nous faites pas suffisamment confiance et on en reste là. Mais on ne mettra pas celui de mon père, qui habite à quatre cents kilomètres et qui a déjà son habitation principale. Maintenant, la balle est dans votre camp.»

C'est quitte ou double. De l'autre côté du téléphone, le silence s'est installé. Puis :

«C'est d'accord alors. Venez prendre le café demain matin et on règle les détails ensemble.»

Le lendemain midi, le bail est signé et, sans même qu'on l'ait réellement décidé, le projet de retourner à Zagreb est définitivement enterré. On est heureux d'avoir atteint notre objectif : on va vivre à la campagne, avec les moutons comme voisins et plein de chemins pour faire du VTT. Le soir, avec mon père, ma sœur et mon beau-frère, on trinque à notre nouvelle vie en Normandie et à leur départ en Nouvelle-Zélande qui se rapproche à grands pas.

«Permis Vacances Travail»

Je n'en ai moi-même jamais bénéficié, mais j'ai dans mon entourage un grand nombre de personnes qui sont passées par le PVT pour s'offrir une expérience à l'étranger.

Le PVT, « Permis Vacances Travail », parfois aussi appelé « Visa Vacances Travail » car traduit littéralement de son nom officiel en anglais, *Working Holiday Visa,* est un dispositif permettant aux citoyens français (et européens) de partir pour des destinations hors Europe pour des longs séjours (généralement un an), mixant le travail et le tourisme. La liste des destinations ouvertes aux Français s'allonge de jour en jour. Parmi les plus populaires, il y a bien sûr l'Australie, le Canada et la Nouvelle-Zélande, et depuis peu se sont ajoutés le Japon, l'Argentine, Taiwan, le Brésil ou encore la Russie, pour n'en citer qu'une poignée. Bref, il y en a pour tous les goûts !

Notez cependant qu'il y a une limite d'âge (souvent entre trente et trente-cinq ans selon les pays), et que les demandes sont extrêmement nombreuses pour les destinations populaires tandis que le nombre de visas distribués chaque année est limité. Il vous faudra parfois plusieurs tentatives (donc plusieurs années) avant d'obtenir le sésame pour une destination comme le Canada. C'est encore plus difficile si vous envisagez d'y partir à deux : les places sont tirées au sort, et il se pourrait bien que seul l'un d'entre vous gagne à la loterie... Bref, c'est une option qui mérite que l'on s'y intéresse, en particulier si vous êtes jeune et que vous envisagez de partir seul.

CHAPITRE 31

« Je fuis l'engagement comme la peste »

Plus de trois semaines se sont écoulées depuis notre retour de Croatie et on est toujours dans l'attente de l'arrivée du bébé. Benjamin est parti à Paris régler des détails administratifs avant son départ pour l'autre bout du monde. Nathalie a passé des examens car elle commençait à s'inquiéter du retard, et les résultats sont bons même si la petite n'a toujours pas envie de pointer le bout de son nez pour le moment. Puis finalement, un soir, alors que l'on farfouille sur internet à la recherche de mobilier pour la future maison, mon père frappe à la porte de la chambre :

« J'ai reçu un SMS. Ils sont en route pour la maternité. On part demain, première heure. »

Ouf, enfin !

L'alarme du téléphone nous tire du sommeil alors qu'il fait encore nuit. C'est le branle-bas de combat. On avale un café, une tartine de confiture et on s'entasse tous dans la Dacia du paternel. Petit détour pour récupérer ma mère qui se fait une place au milieu des bagages et des filles à l'arrière, et on trace en direction de la Vendée. Je ne réalise pas encore que dans quelques heures je tiendrai pour la première fois ma petite nièce dans les bras.

Cela fait une éternité que mes parents n'ont pas été réunis dans la même pièce, encore moins dans le même véhicule. Ces retrouvailles nous rappellent, à Aurélie et moi, les expéditions de notre enfance sur la route interminable des vacances dans la Drôme. On se remémore les jeux qui nous tenaient occupés pendant le trajet, et mes parents se prêtent de bon cœur à cet accès de nostalgie. Et puis le panneau « Bienvenue en Vendée », les derniers kilomètres et le parking de la maternité. Je trépigne. On se présente à l'accueil. L'odeur typique des hôpitaux, sorte de cocktail d'eau de Javel et d'antibiotiques, s'imprègne au fond de mon palais. S'il y a bien un environnement où j'aurais été incapable de travailler, c'est le milieu médical. Dire qu'à une époque j'ai voulu devenir médecin.

« Chambre 251 », nous renseigne-t-on à l'accueil.

On prend les escaliers pour se dégourdir les jambes. On franchit la lourde porte antifeu qui mène aux couloirs. Les numéros défilent. 249, 250, 251, on y est. On frappe délicatement à la porte entrouverte.

« Entrez », prononce une voix étouffée.

Ma mère pénètre la première dans la pièce, suivie du reste de la famille. Nathalie est relevée dans son lit. Elle a des cernes sous les yeux, le teint pâle, les cheveux ébouriffés. Un sourire éclatant traverse son visage. Elle tient quelque chose dans ses bras. Sous la couverture blanche, j'aperçois une main minuscule et des doigts délicats. Un pas de plus et je découvre une petite bouille endormie, lovée contre sa maman. Mon cœur fond.

« Voici Leïla. »

L'arrivée d'un bébé est toujours un grand bouleversement, mais dès notre retour chez mon père, je me rends compte que notre vie n'a pas changé d'un millimètre. On replonge dans nos pensées habituelles, dans notre quotidien. La maison sera disponible le premier mai, or on vient à peine de passer la mi-mars. Que faire d'ici là ? Repartir en Croatie ? Rester chez mon père, à squatter sa chambre, pendant encore un mois et demi ? Les dernières semaines ont été éprouvantes et on a envie de nous retrouver tous les deux, de nous reconnecter après cette longue période sans intimité. Delphine rêve de retourner en Irlande depuis un voyage qu'elle a fait étant enfant, alors je lui propose cette destination facile d'accès depuis Cherbourg. Début avril, on grimpe dans le ferry en direction du pays de la Guinness, toujours accompagnés de la fidèle C3 de mon grand-père.

On passe d'abord une semaine dans le comté du Kerry, dans une grande maison isolée au fond d'une vallée perdue, avec pour seule compagnie une quantité incroyable de moutons qui viennent nous dire bonjour dès que l'on s'approche de leur champ. Puis deux semaines dans le Connemara, avec Michel Sardou dans la tête du matin au soir sans même écouter la fameuse chanson une seule fois. Les paysages irlandais sont incroyables, mais je n'arrive pas à profiter. Mon corps se promène autour de lacs aux eaux sombres, sur des collines ocre battues par les vents, dans une végétation sauvage aux airs

> « Mon corps se promène autour de lacs aux eaux sombres, sur des collines ocre battues par les vents, dans une végétation sauvage aux airs de bout du monde. »

de bout du monde. Mais mes pensées oscillent entre Zagreb où j'ai laissé une partie de moi, et l'emménagement à venir, que l'on n'a absolument pas commencé à préparer, et qui me stresse plus que ce que j'imaginais.

Le départ de Croatie a été brutal et je dois faire mon deuil de cette partie de ma vie. Je constate avec une certaine tristesse que, pour la première fois depuis que l'on se connaît, Delphine et moi fonctionnons différemment. Elle a relégué Zagreb dans le passé d'un revers de la main, comme si ça n'avait jamais existé. Elle enfouit toutes les émotions qui résultent de notre départ bien loin au fond d'elle-même, sous des couches de nouveaux projets, de nouvelles idées. Tandis que, moi, j'ai besoin d'en parler, de me remémorer les bons moments, de les faire revivre encore et encore. On s'écharpe fréquemment à cette période de nos vies car on met beaucoup de temps à comprendre que l'on a deux façons très différentes de faire notre deuil. Je l'agace à parler de Zagreb tout le temps, elle me blesse à l'avoir rangée au fond d'un tiroir comme une vieille paire de chaussettes.

Un matin, alors que l'on se promène dans le village de Letterfrack, je tombe sur une petite boutique de jardinage. Ça me ramène dans ma nouvelle réalité : dans moins d'un mois, j'emménage à la campagne avec mille mètres carrés de terrain à gérer. Tout ce qui m'attirait dans ce mode de vie revient soudain chasser mes pensées nostalgiques de Zagreb et de ma vie citadine. Je me projette aussitôt au milieu de mon potager, à tailler mes tomates, chouchouter mes courgettes,

« Dans moins d'un mois, j'emménage à la campagne avec mille mètres carrés de terrain à gérer. »

semer mes haricots. J'entraîne Delphine à l'intérieur de la boutique et je me plonge dans les sachets de graines, tâchant de comprendre ce que je pourrais faire pousser dans mon jardin sans trop de difficulté. Je ressors de là vingt minutes plus tard avec un sac rempli de graines de salades, poireaux, carottes, et tout un tas d'autres légumes dont j'espère pouvoir me régaler bientôt.

À notre retour en France, les choses s'accélèrent sérieusement. Fini le rythme intense mais détendu de l'Irlande et ses randos dans la nature, maintenant, on court dans les centres commerciaux à la recherche des meubles indispensables pour notre arrivée dans la maison. Jusqu'ici, depuis que je me suis débarrassé de mes affaires pour partir au Portugal, j'ai toujours vécu dans des appartements meublés me laissant un maximum de flexibilité et de légèreté. Là, on doit tout acheter : un lit, une machine à laver, une cuisinière, un frigo, un canapé… Je réalise que l'on va devoir engager des grosses dépenses pour nous installer dans un logement vide, et je me rends compte à quel point ce retour du mobilier dans ma vie dématérialisée va m'ancrer dans cette maison, dans ce Cotentin, à nouveau. Cela fait sept ans que je fuis l'engagement comme la peste, que je fais tout pour rester libre et léger, et soudain, sans même le percevoir, je m'enchaîne à des kilos de possessions matérielles et me retrouve pieds et poings liés dans un mode de vie dont je ne sais même

« Il faut une énergie folle pour se mettre en mouvement au départ, mais la légèreté et la mobilité acquises font qu'il est ensuite simple de continuer à changer fréquemment de vie… »

> « Chaque meuble que l'on nous livre, chaque carton qui s'empile dans le séjour, est comme un boulet supplémentaire attaché à ma cheville, entravant le moindre de mes déplacements. »

pas s'il va me convenir. Chaque meuble que l'on nous livre, chaque carton qui s'empile dans le séjour, est comme un boulet supplémentaire attaché à ma cheville, entravant le moindre de mes déplacements. Et si au bout de six mois j'en ai marre et que j'ai envie de tout plaquer pour partir en Argentine ? L'inertie est une notion fondamentale dans mon mode de vie : il faut une énergie folle pour se mettre en mouvement au départ, mais la légèreté et la mobilité acquises font qu'il est ensuite simple de continuer à changer fréquemment de vie, passer d'un pays à l'autre, d'un logement à un autre. Or là, je laisse le mouvement s'arrêter et je colle tellement de poids dans ma vie que si je veux repartir un jour, l'énergie nécessaire pour me remettre en mouvement demandera, je le crains, des forces surhumaines. Mais il est trop tard pour faire marche arrière : le bail est signé et l'électroménager est en cours d'acheminement. Alors je mets mon cerveau sur *off* et je continue de charger la voiture.

Après une matinée complète à faire des allers-retours, le dernier carton que Delphine stockait dans le garage paternel arrive enfin chez nous. J'ai des courbatures dans les bras, la gorge sèche et je suis couvert de poussière. Mon père, qui nous aidait dans le transport, prend congé après avoir avalé d'un trait un grand verre d'eau fraîche. Bientôt, sa voiture quitte notre cour gravillonnée et on se retrouve seuls au milieu du salon avec le monticule de cartons qui grimpe jusqu'au plafond, entourés de ces carrelages et de ces murs blancs, dans le silence absolu.

D'un coup, on s'effondre. Delphine et moi avons peu communiqué ces derniers temps, et je constate soudain qu'elle aussi a peur d'avoir fait une énorme connerie. Peur de s'être laissée influencer par la douceur de la vie à la campagne, par les grands arbres, les moutons et la proximité de la mer. Par le contraste, aussi, entre l'agitation de Zagreb et le bruit incessant de notre appartement, et le calme et la sérénité qui règnent là, dans ce qui est désormais notre village. On s'assoit par terre sur le carrelage froid et on réalise ce que l'on vient de faire. Une erreur monumentale ? Pourquoi est-on venus s'enterrer à la campagne maintenant ? Pourquoi n'est-on pas repartis à Zagreb, profiter encore un peu de la vie citadine tant que l'on a l'âge de sortir et que l'on n'a pas d'enfants ? Les questions fusent. Les doutes s'installent. Et puis on se reprend. Elle sèche ses larmes, je lui prends la main et elle vient se blottir contre moi.

« Et si ça ne nous plaît pas, on vend tout et on repart. »

« De toute façon, maintenant, on est là, alors on va essayer et on verra bien. Et si ça ne nous plaît pas, on vend tout et on repart. On l'a déjà fait, on le refera. »

Y-a-t-il un bon moment pour changer de vie ?

Si rien ne vous plaît dans votre vie actuelle, si vous détestez votre job, votre ville, votre environnement général, alors la décision de tout quitter pour recommencer à zéro ailleurs va rapidement s'imposer d'elle-même. Mais en réalité, malgré certains éléments négatifs pesants, il y aura toujours des pans de votre vie qui auront un impact positif sur vous, qui vous seront agréables au quotidien. Un appartement douillet, un cercle d'amis attentionnés, la proximité d'un être cher, ou pourquoi pas un travail qui vous plaît bien. C'est cette mixité dans les émotions, ces différents pans de la vie qui s'entremêlent, qui rendent la décision de tout plaquer difficile à prendre et qui fait que l'on n'est jamais sûr de trouver mieux ailleurs. Changer de vie, c'est toujours un risque, un pari sur l'avenir.

Et si, à un moment, vous vous rendez compte que votre nouvelle vie ne vous convient pas ou plus, gardez en tête que rien n'est irrémédiable. Il est toujours possible de corriger le tir, de revenir en arrière ou d'essayer autre chose en prenant en compte les obstacles et les déceptions rencontrées précédemment. C'est en testant des modes de vie, des lieux, des domaines d'activité, des carrières, des personnes avec qui vous partagerez votre quotidien, que vous pourrez affiner au mieux vos besoins précis et ainsi vous rapprocher chaque fois davantage de votre vie idéale.

De toute façon, les besoins et les envies varient avec les années et les circonstances. À vingt ans, je rêvais de parcourir le monde en sac à dos, aujourd'hui, à trente-trois ans, j'ai envie de davantage de stabilité, et à cinquante ans, j'imagine que ce sera encore différent. À partir du moment où on décide de vivre une vie en accord avec sa petite voix intérieure, alors le changement régulier devient inévitable pour nous permettre de nous adapter à nos besoins profonds.

CHAPITRE 32

« Je découvre ou redécouvre des plaisirs simples »

Une des choses qui nous facilitent considérablement la transition vers notre nouvelle vie, c'est d'avoir emménagé à la campagne pendant les beaux jours, au début du printemps. Le soleil, le ciel bleu, les fleurs multicolores, dopent notre état d'esprit et nous font immédiatement sentir les avantages d'avoir une maison et un jardin. Si on s'était installés au mois de novembre, quand la nature s'éteint et que la nuit tombe à 17 heures, je crois que l'on aurait tous les deux fini sous Prozac. Là, on trouve rapidement notre rythme, à coups de barbecues, de promenades dans les bois, de sorties à vélo et de baignades dans les eaux fraîches du Cotentin. La maison se pare désormais de bibelots et d'objets de déco que l'on prend le temps de sélectionner dans des brocantes ou des magasins d'antiquités. Delphine a cette capacité de rendre un intérieur chaleureux avec trois fois rien, et très vite je me sens comme dans un cocon dans notre petite maison, alors qu'il nous reste encore plein de cartons à déballer.

Des liens se créent dans notre village, avec le voisinage et le propriétaire, dont on a finalement gagné la confiance et avec qui une relation amicale s'est installée.

Je découvre, ou redécouvre, des plaisirs simples, comme marcher pieds nus dans l'herbe ou passer l'après-midi allongé au soleil avec un bouquin. J'ai souvent entendu, autour de moi, des gens dire : « Maintenant que j'ai goûté à la vie en maison, je ne pourrais plus revivre en appartement » sans jamais les comprendre. Aujourd'hui, je me dis que c'est peut-être mon cas aussi. Quel bonheur de pouvoir entrer et sortir de chez soi cinquante fois par jour, parfois juste pour aller respirer un peu d'air pur, observer les oiseaux qui viennent danser sur les branches du noisetier ou me dégourdir les jambes après plusieurs heures à bosser sur l'ordinateur. La nuit, j'apprécie le calme, le silence absolu. Pas un son, pas un coup de klaxon, pas un type bourré qui vient gueuler des insanités sous mes fenêtres, rien du tout. Juste parfois le hululement d'une chouette dans le lointain. Ou, l'hiver, les soirs de tempête, le hurlement du vent dans les volets, un son que j'ai toujours aimé, qui me rappelle les hivers de mon enfance.

Rapidement, on se heurte à une difficulté que l'on n'avait pas anticipée : les transports. J'ai définitivement récupéré l'ancienne voiture de mon grand-père, ce qui nous permet de ne pas devoir, en plus de tout le reste, nous lancer dans la recherche d'un véhicule. Mais Delphine, comme beaucoup d'habitants de la région parisienne, n'a jamais trouvé utile de passer son permis. En Croatie, on faisait tout en transports en commun, aussi bien pour nous déplacer dans Zagreb que pour explorer le reste du pays, où chaque village est desservi par le bus. Mais là, dans la campagne française, sans le moindre transport public à proximité, la voiture est un impératif absolu pour être autonome. Alors, une fois installés, Delphine se lance dans un défi de taille : passer son permis en parallèle de sa recherche d'emploi. Elle trouve rapidement un boulot, mais je suis obligé de l'y conduire tous les jours. Ce n'est pratique ni pour moi, dont mes journées sont entrecoupées par ces allers-retours, ni pour elle qui culpabilise de me faire attendre quand sa garde se prolonge inopinément. Fin décembre 2018, quelques jours avant Noël, c'est le soulagement : elle est reçue à son examen du permis de conduire après des mois de stress et de conduite accompagnée où je jouais le moniteur d'auto-école pas très rassuré sur les routes étroites et sinueuses du voisinage.

Vivre à la campagne, mode d'emploi

Quand on a toujours vécu en ville, il est parfois difficile d'imaginer à quoi peut réellement ressembler le quotidien à la campagne et quelles peuvent être les contreparties de ce mode de vie. On a tendance à beaucoup l'idéaliser, et je voudrais souligner quelques points importants afin de vous aider à prendre vos décisions en toute connaissance de cause.

La première chose à ne pas négliger, c'est la difficulté à trouver du travail. À la campagne, on est loin du dynamisme économique des métropoles, en particulier dans des certains secteurs d'activités comme le tertiaire qui sont parfois à l'arrêt complet. Assurez-vous bien de l'état du marché du travail de la zone que vous visez afin d'éviter des déconvenues.

De même, préparez-vous à réduire fortement vos sorties improvisées du type boire un verre après le boulot ou une soirée resto-ciné. D'abord parce que, contrairement aux grandes villes, le choix est plus restreint, et ensuite parce que les contraintes d'éloignement les rendent moins spontanées, donc plus rares.

Enfin, sachez que dans certaines zones rurales, il est difficile voire impossible de trouver un médecin spécialiste. Il faut parfois faire plus d'une heure de route avant d'en trouver un qui accepte de nouveaux patients, ou avoir la patience d'attendre les six mois de délai que proposent ceux qui en acceptent encore. Ça doit paraître surréaliste à ceux qui vivent dans des grandes villes, mais c'est une réalité à avoir en tête au moment de faire le choix de s'installer à la campagne.

Autre point important : contrairement aux idées reçues, la vie à la campagne peut coûter cher également. Certes les loyers sont attractifs par rapport aux villes, mais ils sont compensés par d'autres types de dépenses moins visibles de l'extérieur : la voiture indispensable (une par adulte est une quasi-obligation, ce qui engendre des frais d'essence, d'entretien, d'assurance…), le jardin pour lequel il faut s'équiper en matériel assez onéreux (et l'entretenir), et la facture d'énergie qui est, à surface équivalente, généralement plus élevée qu'en ville. Enfin, en ce qui concerne la tranquillité, la campagne est loin d'être un environnement silencieux. Entre les chiens du voisinage, les engins agricoles tôt le matin ou les tondeuses dès le retour des beaux jours, il y a toujours du bruit à la campagne, même si ça n'a rien à voir avec le type de nuisance sonore que l'on peut connaître en ville.

Loin de moi l'idée de décourager quiconque de s'installer à la campagne, mais il me paraît important de rétablir peut-être un certain équilibre : la campagne offre une qualité de vie magnifique, mais elle a un prix, des contreparties non négligeables et qu'il faut bien avoir en tête avant de choisir ce genre de vie.

Mon été se passe comme sur un air de vacances, et puis à la rentrée, je m'autorise quelque chose que je n'ai pas fait depuis plus de sept ans : rejoindre un club de sport. J'achète deux raquettes : une de tennis et une de badminton, et je signe pour un cours par semaine de chaque. Le mardi soir, je me défoule en tapant dans la balle jaune, le mercredi dans le volant. Ça peut sembler anodin, mais c'est un pas de géant pour moi. Depuis des années, je considérais l'absence d'engagement comme la liberté absolue, la garantie ultime de ma mobilité permanente, et je lui subordonnais tous mes choix de vie. En Croatie, on avait envisagé de s'inscrire à des cours de danse rock en couple, mais je n'ai jamais osé franchir le pas, par peur que ce simple engagement me retire la possibilité de partir du pays à tout moment, sur un coup de tête. Là, même si on évoque encore parfois l'idée de retourner un jour vivre à l'étranger, le fait d'avoir acheté du gros mobilier et emménagé dans la région de mon enfance me permet de me projeter au moins à moyen terme. Je redécouvre ainsi les bons côtés de la vie sédentaire, le plaisir de m'inscrire dans la durée, de nouer des relations avec des gens au-delà de trois jours et de voir les efforts d'un apprentissage payer sur le long terme, à l'opposé complet de la jouissance éphémère du voyage.

« Je passe d'un extrême à l'autre. Du déracinement total en changeant de pays tous les quatre matins à un enracinement complet… »

Comme souvent, je passe d'un extrême à l'autre. Du déracinement total en changeant de pays tous les quatre matins à un enracinement complet, en passant des heures les pieds dans la terre, la bêche à la main, dans mon potager, en compagnie de mes salades, mes tomates et mes courgettes. Cet enracinement est presque littéral : ce sont mes légumes qui le font pour moi, comme une extension de moi-même. Quand j'avais un boulot salarié, je rêvais ma liberté sous forme de voyage incessant. Aujourd'hui que j'ai la liberté absolue, notamment grâce à mon travail dématérialisé, je choisis de m'ancrer à nouveau. Ce n'est plus un patron qui me retient, c'est moi qui me lie volontairement à mon petit lopin de terre, que je cultive sans voir le temps passer jusqu'aux dernières lueurs du soleil.

Par ailleurs, la proximité géographique avec mes parents me permet de passer davantage de temps en leur compagnie. Leur âge avance petit à petit et j'ai cette angoisse depuis mon enfance : le jour de leur départ. Alors j'apprécie d'être là, à côté de chez eux, pour profiter pleinement de leur présence. Marcher avec mon père sur les sentiers au bord de la mer. Recevoir ma mère le dimanche et lui préparer de bons petits plats. Autant d'activités que je faisais machinalement dans ma vie d'avant, sans les apprécier réellement. Comme si partir puis revenir m'avait ouvert les yeux sur les belles choses qui m'entouraient mais que je n'appréciais pas à leur juste valeur, aveuglé par la frustration de ne pas vivre mes rêves de voyage, par mon boulot inintéressant et par mon quotidien monotone.

J'alterne entre de longues périodes à la campagne, à travailler sur mon blog de voyage, bêcher mon potager ou profiter des moments avec mes proches, et des séjours intenses à l'étranger pour assouvir mon besoin d'aventure. Les dernières années de ma vie nomade, il me fallait chaque jour trouver un nouvel endroit où aller. Je me déplaçais mécaniquement, sans réellement apprécier les lieux que je traversais. Maintenant que le voyage n'est plus une obligation, je redécouvre le plaisir de m'aventurer en terre inconnue, de plonger dans de nouvelles cultures, d'entendre de nouvelles langues, de rencontrer de nouvelles personnes.

« Je redécouvre le plaisir de m'aventurer en terre inconnue, de plonger dans de nouvelles cultures, d'entendre de nouvelles langues, de rencontrer de nouvelles personnes. »

Les mois qui suivent notre installation en Normandie, on part en Slovaquie et en Pologne finir le périple dans lequel on s'était lancés en 2016 et que l'on avait interrompu à Zagreb. Et puis on s'offre des destinations plus dépaysantes, avec la Géorgie et Israël, à la découverte des sublimes monts du Caucase, de la mer Morte, des déserts de Judée et de Néguev. À chaque endroit, j'emmagasine des kilos de notes qui servent de support à la rédaction des guides que je publie dès mon retour. J'essaie aussi de faire en sorte que ces voyages avec Delphine ressemblent à de vrais séjours en amoureux, mais l'équilibre n'est pas toujours facile à trouver avec mon travail : je lui impose parfois un rythme effréné, comme cette fois en Espagne où on visite quatre villes dans la même journée. On prend ça comme des défis, comme l'opportunité de nous dépasser, de voir un maximum d'endroits en un minimum de temps. On s'offre une grosse dose de dépaysement, de vie citadine intense, puis on rentre à la maison, heureux de retrouver le calme de notre campagne et la chaleur de notre foyer.

2019 touche à sa fin. Je suis ravi de l'année qui vient de s'écouler. J'ai atteint un certain équilibre et, bien que tout ne soit pas parfait, je suis globalement content de mon sort, de mes choix. 2020 commence sur le même rythme, mais un soir de janvier, alors que l'on rend visite au père de Delphine à notre retour d'Alicante, on comprend que quelque chose ne va pas. Il a allumé BFM TV. Les images montrent des soignants masqués et vêtus de combinaisons

« Un nouveau virus circule en Chine et menace de se propager au reste du monde. »

blanches recouvrant chaque centimètre de leur peau. Le bandeau qui défile sous la journaliste est alarmiste. Un nouveau virus circule en Chine et menace de se propager au reste du monde.

Le 16 mars 2020, le couperet tombe. La France est mise sous cloche en raison de l'épidémie de Covid-19. Confinement général.

CHAPITRE 33

« La seule chose qui compte désormais, c'est simplement d'être là »

Une des plus grandes difficultés qui découlent de la liberté que j'ai acquise au fil des ans, c'est de prendre des décisions en permanence. De choisir la manière dont je vais remplir mes journées. À quelle heure me lever, où prendre mon petit déjeuner, dans quelle ville me rendre, où manger, où dormir, où trouver un endroit calme pour écrire mon article ou skyper avec mon client. Depuis que je suis redevenu sédentaire, il y a moins de décisions à prendre, mais quand même : être indépendant, être libre, vient toujours avec une grande part de responsabilité, fut-ce celle d'organiser son propre quotidien, de décider de son propre rythme de vie. Alors quand le président de la République annonce la restriction des libertés, cela signifie aussi pour moi la fin de mes questionnements incessants. Je n'ai plus à me demander si je dois partir dans telle ou telle ville la semaine suivante pour préparer mon futur guide, la décision est prise pour moi : je n'ai plus le droit de sortir de la maison. Je n'ai pas non plus à me casser la tête pour m'organiser entre mon travail et les disponibilités de mes proches pour nous voir : impossible, on n'a plus le droit de nous retrouver, ni même de dépasser le kilomètre hors de chez soi. On m'a retiré toute ma liberté, mais on m'a retiré aussi toute ma responsabilité, et la charge mentale qui va avec. Alors, étrangement, quand le confinement est instauré, je ressens un immense calme au fond de moi. Une vague de sérénité et d'apaisement me traverse et s'installe. Le temps me semble suspendu. La seule chose qui compte désormais, c'est simplement d'être là, dans la minute, dans la seconde. Car mon esprit n'a rien d'autre sur quoi s'accrocher et cogiter. Toutes les échéances futures sont annulées et, la visibilité étant nulle, on ne peut rien projeter, ni pour le lendemain, ni pour l'année suivante.

Je me rappellerai toute ma vie de cette première journée de confinement. Quand je me réveille, Delphine est déjà partie au travail. Je prends mon petit déjeuner dans le silence complet, puis, mes tartines avalées, je mets de la musique. Un album du groupe néerlandais Carach Angren. Je sors du placard un puzzle de mille cinq cents pièces et je me plonge dedans en oubliant le monde extérieur, autant pour m'éviter d'angoisser sur le sort de l'humanité que pour savourer cette mise sur pause forcée et prendre enfin une journée de vacances dans ma tête, sans penser à rien.

Et puis les jours passent, la lassitude s'installe et l'angoisse commence à monter sérieusement. Mon travail est à l'arrêt, et les revenus issus de mon blog tombent à néant du jour au lendemain. C'est la première fois depuis que je me suis lancé à mon compte, neuf ans plus tôt, que je suis confronté à une telle difficulté professionnelle. Comment vivre d'un blog de voyage quand, précisément, ni moi ni mes lecteurs ne pouvons voyager. Pour la première fois depuis mon licenciement, je regrette sérieusement ce choix de vie. Jusqu'à présent, j'appréciais vraiment le fait de travailler seul, sans horaires, sans collègues, sans patron. Je compensais cette solitude par une vie sociale active. Mais avec la mise en place des mesures de restriction des libertés, je me prends de plein fouet tous les inconvénients de ce mode de travail. L'isolement poussé à l'extrême, l'incertitude complète sur les revenus, les questionnements sur mon avenir professionnel au point d'en faire des insomnies. Mais que faire ? Redevenir salarié afin de retrouver le travail en équipe et m'assurer des revenus fixes ? Quand la crise passera, j'aurai sacrifié un mode de vie que j'aime fondamentalement pour replonger dans celui que je me suis évertué à fuir pendant des années. Est-ce bien raisonnable de prendre une décision aussi radicale dès maintenant ?

Le problème me paraît inextricable et l'absence de visibilité ne permet pas de trancher dans un sens ou dans un autre. Alors, rongé par le stress de devoir taper chaque mois dans mes économies pour payer ma part du loyer, j'attends la suite des événements en espérant que la crise ne se prolonge pas trop longtemps.

« Comment organiser mes journées pour ne pas sombrer mentalement ? »

Comment organiser mes journées pour ne pas sombrer mentalement ? Ça fait un drôle d'effet de se poser cette question-là à trente-deux ans. Moi qui fourmille toujours de mille projets, dès qu'une pensée me vient en tête, je me heurte systématiquement à cette même réalité : je ne peux pas, je n'ai plus le droit. J'ai la sensation d'être une mouche enfermée dans un bocal qui se cogne sans cesse à la paroi en verre. L'impression désagréable d'être réduit au strict minimum de ce qui constitue mon existence. Avec le confinement, on n'est désormais défini que par son lieu de vie, son travail – essentiel ou non à la société –, et les personnes avec qui l'on habite. Tous les loisirs, toutes les soupapes de décompression, tout ce qui rendait l'existence agréable a été réduit à néant. Et on se retrouve seul face à ses choix ou à ses absences de choix, avec l'interdiction de faire autre chose que regarder Netflix ou cogiter sur son existence. Donc forcément, on remet tout en question. On se demande si on a pris les bonnes décisions au bon moment, si on est au bon endroit avec les bonnes personnes dans le bon environnement professionnel. Ou si on s'est trompé sur toute la ligne.

« L'impression désagréable d'être réduit au strict minimum de ce qui constitue mon existence. »

Dès que la météo m'en donne l'occasion, je me réfugie dans mon jardin, dans mon petit coin de potager. Les mains dans la terre, j'oublie les soucis qui m'assaillent. Je bichonne mes légumes comme si c'étaient mes propres bébés. Prendre soin d'eux, c'est prendre soin de moi. Les voir grandir au fil des jours me procure une joie simple qui me permet d'imaginer, l'espace d'un instant, que le monde continue de tourner normalement.

En juin, quand les dernières restrictions de déplacement sont levées, c'est une immense bouffée d'oxygène. J'ai l'impression de revivre. Les petits plaisirs simples et anodins dont on a été privé pendant des semaines deviennent des moments extraordinaires au sens littéral. Je ne pensais pas que, un jour, j'apprécierais à ce point un simple café avec Delphine sur la place du Théâtre de Cherbourg. Le confinement aura au moins eu ce mérite : me rappeler, s'il en était encore besoin, l'importance d'apprécier chaque instant à sa juste valeur, même les plus banals d'entre eux.

Après cette longue période d'assignation à résidence, l'envie de repartir en vadrouille se fait encore plus forte. Mais les conséquences de la crise sanitaire nous forcent à revoir nos habitudes et à considérer une idée qui nous trottait dans la tête depuis un moment : voyager en fourgon aménagé.

En Croatie, Alexis avait bricolé le coffre de sa Kangoo pour dormir dedans quelques nuits par-ci par-là, et on s'était extasiés devant l'ingéniosité de son installation. En Nouvelle-Zélande, Aurélie et Benjamin ont passé un an dans leur van, et ça leur a tellement plu qu'à leur retour en France, ils ont transformé un ancien camion de pompier en camping-car pour y vivre à l'année.

« Le confinement me révèle à moi-même cette tendance à vouloir tout régler par la radicalité. »

Comme on a besoin d'un second véhicule – un pour deux à la campagne, c'est clairement insuffisant –, plutôt que de faire l'acquisition d'un clone de la C3, on décide d'acheter un vieux Renault Trafic, de bricoler un lit à l'intérieur et de s'en servir autant comme véhicule d'appoint que comme petite maison roulante pour nos week-ends à proximité. Cela ramène de la fraîcheur et de l'adrénaline dans notre façon de voyager : la moindre virée à cent cinquante kilomètres devient une véritable aventure et compense la frustration de ne pas pouvoir partir à l'étranger comme on le souhaiterait.

Plusieurs fois, ces périodes successives d'enfermement forcé me donnent une envie terrible de tout envoyer promener et de repartir à zéro. De fuir ce quotidien devenu cauchemar. Mais pour aller où ? Pour faire quoi ? Le confinement me révèle à moi-même cette tendance à vouloir tout régler par la radicalité. Un bruit de machine à laver m'empêche de dormir ? Je change de pays. Un boulot dans lequel je me sens inutile ? Je quitte mon appartement et je deviens nomade. Finalement, ce que je pressentais vaguement depuis un moment me saute enfin aux yeux : il n'est pas nécessaire de sortir le bazooka pour tuer un moustique. Je n'ai pas à révolutionner ma vie entière à chaque problème qui surgit. Alors non, le confinement ne sera pas le point de rupture vers un nouveau départ. Au contraire. C'est le signe que je dois enfin apprendre à être heureux ici et maintenant. À apprécier les petites choses simples du quotidien, comme marcher dans la forêt, écouter le chant des oiseaux ou le son d'un ruisseau, sentir la caresse du soleil sur ma peau. Et à savourer chaque seconde en compagnie des gens que j'aime, car je me rends compte que rien n'est acquis, pas même un simple café en terrasse ou un restaurant en amoureux.

Quand j'étais salarié, j'ai voulu devenir indépendant. Quand j'étais sédentaire, j'ai voulu tout plaquer pour vivre sur la route avec mon sac à dos. Quand j'étais dans un pays, je voulais le quitter pour aller dans un autre. Pendant des années, j'avais cette tendance à être dans l'insatisfaction permanente. Aujourd'hui, après le premier confinement, j'ai eu le déclic : rien ne sert de vouloir systématiquement courir après le meilleur si on n'est jamais capable d'apprécier ce que l'on a déjà sous la main. Désormais, je fais l'effort de savourer chaque moment, chaque lieu, chaque rencontre. De ne plus me focaliser sur les petits aspects négatifs des choses en voulant les changer, mais de me concentrer sur le positif et de l'apprécier tel qu'il est. Ça nécessite un véritable effort mental, ce n'est pas facile ni même possible tous les jours, mais c'est, je crois, nécessaire pour être capable de s'épanouir quel que soit le contexte.

Tout changer, quand et pourquoi ?

Je pense qu'il est vraiment important de rester vigilant quant aux décisions de changement de vie suite aux confinements, couvre-feux ou, d'une manière plus générale, tout autre événement n'ayant pas vocation à durer. Tout révolutionner suite à ces périodes hors du commun ne doit pas être systématique, au contraire : il faut vraiment faire la distinction entre le côté « conséquence néfaste mais provisoire du Covid » et le côté « mal profond mis en lumière par la crise et qui nécessite un réel changement». On doit résister au premier et prendre les décisions qui s'imposent avec le second. D'ailleurs, au-delà de l'épidémie de Covid et des mesures prises par le gouvernement, le confinement nous force à faire un travail d'introspection que l'on devrait être capables d'effectuer régulièrement dans notre vie sans qu'il n'y ait besoin d'une pandémie. Tout le monde devrait pouvoir, de temps en temps, prendre du recul, tirer des conclusions et agir ensuite pour tenter d'améliorer les choses qui peuvent l'être, en mettant en place des petits changements ou des grandes révolutions dans son quotidien.

CHAPITRE 34

« Je me suis mis à nu, je me suis dépouillé jusqu'à l'os »

Quand j'ai tout quitté en juin 2011, je fuyais la vie toute tracée qui m'attendait. Le CDI pendant quarante ans dans la même boîte, avec les mêmes collègues. Sortir tous les week-ends avec les mêmes potes, dans les mêmes bars de la même ville. Me réveiller tous les matins dans le même appartement et vivre la même routine. Tout semblait déjà écrit, gravé dans le marbre. Je ne voulais pas de ça.

J'ai toujours admiré les gens au parcours atypique, aux centres d'intérêt multiples et *a priori* incompatibles. Les gens capables de vivre dans douze pays différents en dix ans, de s'exprimer dans cinq langues, de réparer un carburateur et de rédiger de la poésie. D'escalader un glacier et de vibrer devant un OM-PSG. De se passionner pour la couture, la physique quantique et la cuisine indienne. C'est ça, la vraie richesse. Celle qui fait que l'on traverse la vie avec passion et qu'à quatre-vingt-dix ans, quand on jette un œil dans le rétroviseur, on peut se dire avec fierté : « Putain, j'ai bien vécu quand même ! » C'est ce qui m'a décidé à franchir le pas. À tout quitter du jour au lendemain et à écrire un nouveau chapitre à partir d'une page vierge. Pour une vie excitante et sans routine.

Alors je suis parti. J'ai tout effacé, tout retiré. Je me suis mis à nu, je me suis dépouillé jusqu'à l'os. Ou, plutôt, jusqu'à n'avoir plus que trois paires de chaussettes et un sac à dos. J'ai repris les choses à la base. Où dormir, où manger. Je suis allé puiser en moi des ressources dont je ne soupçonnais pas l'existence et j'ai développé la confiance en moi qui me manquait depuis mon enfance. Et puis, les années passant, j'ai ajouté des éléments dans mon quotidien pour doucement reconstruire ma vie. Je ne voulais plus de « par défaut » dans mon existence. Alors j'ai essayé à peu près tous les modes de vie possible en espérant trouver celui qui me conviendrait. J'ai quitté le salariat pour devenir indépendant. J'ai arrêté d'être sédentaire pour devenir nomade, puis expatrié, puis campagnard. J'ai testé le célibat et la vie en couple.

À chaque fois, le même schéma se répétait : les premiers temps, je trouvais ça génial, j'étais persuadé d'avoir enfin trouvé le mode de vie ultime, celui qui correspondait parfaitement à mes aspirations profondes. Et puis, au fil du temps, les facettes négatives de ces choix se dessinaient sous mes yeux jusqu'à prendre toute la place, occultant complètement les aspects positifs. Passée l'euphorie des débuts, quand les choses se remettaient en place petit à petit, des problèmes finissaient toujours par ressurgir. Que ce soit au fin fond de la jungle thaïlandaise, dans un bel appartement moderne en Croatie ou dans la petite ville de ma Normandie natale. Sans m'en rendre compte, j'étais devenu incapable d'apprécier ce que j'avais, toujours à vouloir mieux. Je m'étais lancé dans une course infernale, sans autre issue que l'insatisfaction permanente, et un mal-être général finissait toujours par s'emparer de moi. Alors je brûlais tout, croyant que ça réglerait mes problèmes et que j'allais trouver davantage de bonheur dans la situation suivante. Jusqu'à finir par comprendre que ça ne marche pas comme ça. Que la vie n'est pas binaire, faite uniquement de bien et de mal, de bon et de mauvais. On ne passe jamais d'une situation entièrement cauchemardesque à une autre de bonheur absolu. La réalité est beaucoup plus nuancée, plus complexe. Il y a du bien et du moins bien dans chaque situation, quelle qu'elle soit. Salarié ou indépendant, citadin ou campagnard, expatrié ou enraciné, seul ou en couple. Chaque choix de vie vient avec sa batterie de conséquences, et chacune de ces conséquences pourra être perçue comme positive ou négative selon notre caractère, notre personnalité, nos aspirations. Ce qui fait que l'on sera heureux ou non, c'est l'état d'esprit dans lequel on aborde la vie, le regard que l'on porte sur les événements, petits ou grands, qui se présentent à nous. Or, la plupart du temps, on est focalisé sur les choses négatives, celles qui occultent complètement les aspects positifs de la vie. C'est ce qui nous fait avoir une vision déformée de notre propre réalité et qui vient

« Ce qui fait que l'on sera heureux ou non, c'est l'état d'esprit dans lequel on aborde la vie, le regard que l'on porte sur les événements, petits ou grands... »

systématiquement saboter notre quotidien. Alors on change tout, plein d'espoir. Et on se rend compte que, malgré le changement, les problèmes ne se sont pas réglés par magie. Souvent, les éléments positifs et négatifs ont simplement été redistribués de manière aléatoire dans d'autres pans de notre quotidien. Ça ne veut pas dire que tout changer ne fonctionne pas : j'ai fini par trouver un travail qui me plaît réellement et qui correspond à ma personnalité, une compagne avec qui je partage tout, des lieux de vie agréables où je me sens bien. Ça veut simplement dire qu'une révolution complète de son mode de vie n'est pas la réponse à tous les problèmes qui peuvent survenir. Et que le bon équilibre s'obtient parfois davantage avec de petites modifications de trajectoire, de légers ajustements à peine visibles de l'extérieur, plutôt qu'avec une révolution complète de sa vie.

Ces années à prendre un nouveau départ tous les quatre matins, à changer de pays comme on change de coupe de cheveux, m'ont fait comprendre que ce n'est pas d'aller vivre à Göteborg, Zagreb ou San Francisco, ni de quitter encore son boulot ou son conjoint, qui va fondamentalement nous rendre plus heureux. Il est illusoire de croire que l'on peut vraiment changer de vie sans guérir des blessures profondément ancrées en soi. Ça va régler certains détails, nous donner l'impression pendant un temps que nos problèmes se sont évaporés. Mais en fait, c'est comme remplir sans cesse un réservoir d'essence

« Une révolution complète de son mode de vie n'est pas la réponse à tous les problèmes qui peuvent survenir. »

qui fuit. Comme mettre un beau pansement sur une plaie béante. Tôt ou tard, on est rattrapé par sa réalité, ses blessures, ses failles. Par le moral qui flanche inévitablement quand certains schémas se reproduisent, par les mauvaises décisions que l'on prend systématiquement face à tel ou tel événement.

C'est pour ça que quand on veut changer de vie, le plus important, c'est de bien se connaître. D'être capable de savoir si le changement que l'on s'apprête à mettre en place aura pour fruit une jouissance éphémère suivie d'autres moments de déprime, ou s'il viendra s'installer durablement et apporter réellement du bien-être à son quotidien.

Faire un grand plongeon au fond de son cœur, avec toute l'honnêteté et la sincérité dont on est capable, est peut-être la clé pour comprendre ses fragilités, les accepter et avancer sereinement vers une vie qui correspond vraiment à ce que l'on est.

Dix ans après être parti, j'ai retrouvé un équilibre, un rythme, une routine. Je travaille sur mon blog de voyage, je cultive mon potager, je me promène dans la nature avec mes proches, et j'entrecoupe tout ça par des séjours à l'étranger avec la femme que j'aime. Une de mes plus grosses difficultés, c'est d'éviter de devenir un insatisfait permanent, prêt à tout changer dès que quelque chose me déplaît. J'apprends à accepter les choses telles qu'elles sont. Je lâche prise sur ce que je ne peux pas modifier et je me mets enfin à apprécier ce que j'ai.

Le changement de vie le plus radical, finalement, c'est peut-être celui que l'on fait au fond de soi.

Table des matières

PARTIE 1
De salarié à nomade

PARTIE 2
De nomade à expatrié

PARTIE 3
De citadin à campagnard

Remerciements

Je tiens à remercier mon éditrice, Maëva, pour sa confiance et pour m'avoir offert l'opportunité de publier ce témoignage. Delphine, ma compagne, pour son soutien sans faille, ses heures passées à me relire et ses encouragements. Mon père, Michel, et ma sœur Aurélie, pour leurs nombreuses relectures et leurs conseils, ainsi que ma mère, Anne, et ma sœur Nathalie pour leur soutien.

J'adresse également mes remerciements à toutes les personnes que j'ai croisées sur la route, qui m'ont offert l'hospitalité, ou avec lesquelles j'ai partagé un bout de chemin…

Enfin, bien sûr, je remercie les lecteurs de mon blog, *Roadcalls,* qui m'accompagnent dans mes aventures depuis maintenant neuf ans.

Direction de la publication :
Carine Girac-Marinier

Édition :
Maëva Journo

Couverture :
Marion Alfano

Création maquette et mise en pages :
PCA-CMB

Fabrication :
Rebecca Dubois

ISBN : 978-2-03-600805-2

Achevé d'imprimer par
Grafica Veneta SPA
Dépôt légal : août 2021
328155/01/11046662 – juillet 2021